编委会

主　　任：周祥佳

副 主 任：梁晓梅

委　　员：连润强　吴敬鹏　梁朗锋　张丽谊　卢倪蓝

作　　者：李健明

采　　写：劳联英

资料提供：连伦兴　连振强　连广信　连华兴　梁超元

　　　　　陆耀昌　吴六根　吕东红　杜祐源　胡引琴

　　　　　陈建勋　陈安添　苏成枝　苏耀明　苏镜明

　　　　　苏建恩　苏桂宁　刘　侣　连笑琼

照片提供：富裕村村民委员会

顺德区勒流街道富裕村导览总图

北

富裕村村民委员会制作

村务通

富裕通讯

匠心勒流

主要景点

01 贝丘遗址	06 武当宫	11 介于祠	16 沙富公园
02 大凤岗公园	07 连氏古墓	12 连氏五世祠	17 沙三康乐中心
03 沙富文化中心	08 敬吾连公祠	13 纯菴连公祠	18 富裕幼儿园
04 富裕农商银行	09 观敬堂	14 连氏载平祠	19 医灵庙
05 富裕市场	10 碧台祠	15 天后宫	20 西村公园

石涌环山公园

贝丘遗址 01

龙冲路

公园

富裕市场 05

沙富 04 大街

03 39

武侯宫

06 西艺馆

08 联春连公祠

沙富

07 连氏古墓

环山路

鳌鱼坊

09

10

11 华光阁 沙富大街

12

13 连氏五世祠

14 连氏叔手祠

文阁街 麻石街

麻石街 文阁街

百草古树

16 沙富公园

沙富公园

15 天后宫

龙冲路

40 石涌牌坊

25 翁城遗址

26 石涌环山公园

33 华佗庙

32 三多里

34 石涌公园

31 水月宫

30 中心街

石涌康乐中心

29 康帅府

28

27 翁城遗址

47

44 古石桥 石涌

43 水月宫埠头

42 沙坦埠头

46

18 富裕幼儿园

17 沙三俱乐部

富迷路

环山路

石涌

26 石涌环山公园   31 水月宫

27 翁城遗址   32 三多里

28 观音庙   33 华佗庙

29 康帅府   34 石涌公园

30 石涌康乐中心   35 龙舟展览馆

村口牌坊
36 马村牌坊
37 西村牌坊
38 沙富牌坊
39 沙富大道
40 石涌牌坊

水埠头
41 大演渡
42 沙坦埠头
43 水月宫埠头
44 古石桥

古树
45 西村古树
46 沙富古树
47 石涌古树
★ 48 村委会

前　言

　　勒流富裕村地处顺德水乡深处，完好保存着悠久而珍贵的古村风貌与文化资源：卧蚕岗扑面而来的幽远气息、连氏古墓群的静穆深沉、二龙冈旗洞的映照日月，无不引人神思飘逸，纵游千载。

　　从近年持续不断出土的文物可知，2500年前人们早在此处伐竹逐肉，捕鱼捞蚬，铺洒上最早的文化底色：质朴、粗犷、自由、真实。吕嘉2000多年来扑朔迷离的历史事件，实则撰写着岭南人融入大文化系统与推进农耕技术的大历史。在乡村中留下的各种痕迹和传说中，我们更可确认此处曾是古越人聚居处。

　　从大批寺庙祠堂中，我们不仅可清晰回溯富裕移民南迁落户，联手开荒拓疆、筑堤修坝、躬耕田畴的漫长历史，更可读出岭南乡村本土文化与外来文明交溅融合、并进共生的微妙发展，以及在古老风俗的呵护与指引下，人们顽强、执着、坚忍、乐观地生存、生活、拼搏、奋斗的历程，尤其可以看到人们不屈命运、抗争惰性、折中共进、砥砺不息的内在精神，也在各种神诞与祭祖活动中看到人们对乡土、先祖、自身、他人的关注，以及对生辰、生命、神诞、节日、家庭、族群、集体与社区最真切的思索。

　　在漫长的乡村历史中，曾出现引人瞩目的历史人物，让这条宁静古朴的乡村不自觉地融入国家大历史的叙述框架中。乡民们在脚踏土地，眺望历史人物的沉浮悲辛中更能清晰解读出人生的多样与历史的曲折，而乡人们仍一如既往地以温暖双手去呵护这些机遇各异的前人，让人更感人间情怀的真朴与宽容，一如缓缓远去的流水般隽永与淡远，这实为乡村最为迷人处。

近年，富裕村致力环境营造、风俗优化、历史钩沉与社群服务，落实乡村振兴的具体措施，更在推进经济建设的同时极力保存、挖掘、研究与传播散落各处弥足珍贵且不可再生的人文历史、自然风光，于是，便有了此书出版的构想。

随着乡村价值的不断凸现，人们对富裕村的认识也愈发迫切。因此，我们通过书籍整体介绍富裕村，实则是全村人对本村历史一次深情的集体回眸，也是人们在溯源历史和探究细节中再度自我审思，适度调整，朝着更精准的人生道路出发。

富裕村作为佛山市美丽文明乡村，以其古老的历史和当代的发展愈发引人注目。此书的出版，正逢其时。它将为富裕村树立乡村形象、理清文化历史、提升古村品位、联结各方力量共同推进乡村发展奠定文化基础，更为人们了解和认识这条文明脉络从汉代一直到今天从未中断的古老乡村提供质朴而温雅的文本。当然，这也是富裕村人建设美丽文明乡村的成果和阶段性的印记。

目 录

第一章　地理环境 ………………………… 1

第一节　地理变迁 ………………………… 1

第二节　各村简介 ………………………… 3

第三节　村居地貌 ………………………… 5

第四节　河流水文 ………………………… 12

第五节　自然灾害与水利建设 ………… 14

第二章　乡村社会 ………………………… 21

第一节　居民构成 ………………………… 21

第二节　党政工作 ………………………… 22

第三章　乡村文化 ………………………… 27

第一节　文化组织 ………………………… 27

第二节　文化活动 ………………………… 28

第三节　教　育 …………………………… 30

第四节　医疗卫生 ………………………… 33

第五节　文物和非物质文化遗产项目 … 35

第六节　乡人著述 ………………………… 65

第七节　文化盛事 ·················· 70

第八节　风俗民情 ·················· 73

第四章　农商并重　多元发展 ······· 85

第一节　农　　业 ·················· 85

第二节　工　　业 ·················· 100

第三节　商　　业 ·················· 102

第四节　交通与邮电 ·············· 105

第五节　经济体制改革和变迁 ······· 112

第五章　著名人物 ·················· 121

第一节　人物传 ·················· 121

第二节　人物表 ·················· 131

附　录 ························· 135

大事记 ························· 139

后　记 ························· 164

第一章　地理环境

第一节　地理变迁

富裕村位于顺德区勒流街道东南13公里，面积2.8平方公里，背靠依绿岗（大凤岗）、卧蚕岗（拥节山）、三台岗、狮岗、雁岗等小山岗，有扶安河、猛流涌绕村静流，南连新安村新启，西邻裕源村新围，东接连、杜二村，北与龙眼村石桥接壤，更与南国西路和勒良路相接，交通便利。

2019年有610户，户籍人口约2401人，异地务工人员约6500人，下设石涌、沙富、西村三个小组。

明清时期，富裕村隶属石涌堡。

据明万历十年（1582年）《顺德县志》卷一记载："石涌为堡，辖五图，十三村，即石涌、龙眼、西丫、杜村、连村、石龙、安利、横岗、沙埔、西村、小马、莫村、坑口。"其中石涌、西村、沙埔、小马构成富裕村最早地理范围。

又据清咸丰版（1853年）《顺德县志》记载："石涌堡，凡十三村：曰石涌，曰龙眼，曰西丫，曰杜村，曰连村，曰石龙，曰安利，曰横冈，曰沙浦，曰西村，曰小马，曰坑口，曰新围。隶江村巡检。在县西，去城二十有四里，印天度二十二度之四十九分，即南越石瓮城故址。南越人以声近呼瓮为涌，故今曰'石涌堡'。界与古楼、伦教、江村、冲鹤接，十三村中石涌最古，烟户颇与龙眼同。其山曰永安，南为拥节，城址即在其下。北为官山，连、杜二村，依以为居。又南为龙跃，山势蜿蜒数里，沙浦、西村、坑口、横冈、小马、新围诸村环列。石龙则全山皆石，居其下者遂以名村，与安利邻。西丫又别居堡西矣。水自众涌、塘利入者为大演海，其支流别通西丫，出北海，故大演之水实贯输一堡，舟航四达。北篛上接江村，下注金陵，与大演汇，止为堡之北障而已。"

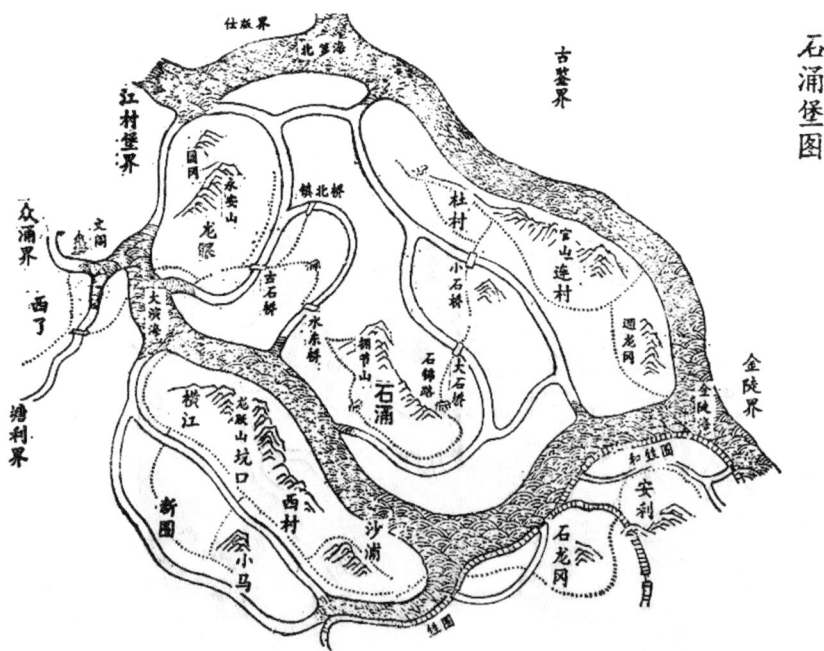

图1-1 清代石涌堡版图，石涌、沙浦、西村、小马赫然在目

石涌、西村、小马、沙浦仍然为如今富裕村核心地带。

民国时期，马村、西村、沙富、石涌纳入第六区。1952年8月，马村、西村、沙富、石涌、裕涌、连村等自然村合并成一个大乡，取"沙富"的"富"、"裕涌"的"裕"结合为名，首设富裕乡。1977年，裕涌分出与清源合并，连村与杜村合并，富裕保留沙富、石涌（冲）、西村、马村四个自然村，并沿用"富裕"名至今。富裕属勒流人民公社辖治。

1983年11月，顺德实行政社分开，撤销人民公社，恢复乡镇建制，富裕属于勒流区。1987年2月，全县撤区设镇，镇下设管理区及管理行政村。富裕管理区属勒流镇。1992年3月26日，顺德撤县建市，富裕管理区属顺德市勒流镇。2002年12月，顺德撤市改区，富裕村属佛山市顺德区勒流镇。2006年10月起，勒流镇改称勒流街道，富裕村属佛山市顺德区勒流街道。

第二节　各村简介

石涌，也写作"石冲"，是顺德最古老的村落之一，西汉时期开村。村靠拥节岗（又称"卧蚕岗"），面临大演河，是西汉石瓮城堡旧址。越人称瓮为"涌"，故得名"石涌"。另一说法：因石涌前临大演河，河边有大石一块，越人俗称河为"涌"，故得村

图1-2 石涌村，有2000多年历史的古村落

名"石涌"。中华人民共和国成立后，因推行简化字，渐将村名写作"石冲"。

沙富，原名"沙浦"，因原为海边一片沙滩而得名。西汉元狩六年（公元前117年）开村。清嘉庆至道光年间（1796—1850年），取"聚沙成富"之意改名"沙富"。

图1-3 沙富村，沿山而建，古风犹存

西村，开村于南宋，因位于富裕村及三台岗（蚌岗）之西，故名"西村"。坊间也流传另一说法：最早入村居住者为黄姓人，村子原名"黄家村"，后南宋开禧元年（1205年）苏姓自南雄珠玑巷迁入，后逐渐壮大，为村中大族，认为"黄家村"名称不妥，遂改名"西村"。

图1-4 西村牌坊，十四字的对联细说开村历史

马村，明代由谭、麦二姓开村，因黄萧养义军曾屯兵养马而得名"小马"，后渐壮大，清光绪年间（1875—1908年）改称"马村"。

图1-5 马村，当年荒凉养马处，如今人稠物穰

第三节　村居地貌

　　远古时代，富裕境内受断裂构造和海河动力的相互作用及河流在河口区的沉积，形成一片汪洋和满目滩涂。自宋代起，先民不断围垦填塞，渐成平地、水域、丘陵、台地等地形。

图1-6　富裕村，田畴交错，典型的岭南水乡

一、开阔地带

　　顺德县境内开阔地带属剥蚀堆积地形，是珠江三角洲平原的一部分，宽广平坦，高差较少，厚度一般为6—20米，从北向南增厚，组成物质为浅色粘土和碎屑沉积物，多呈灰

色、灰白色和浅黄色，间有黑色淤泥沉积。泥炭、腐木埋藏亦相当普遍，有些保存尚好的树木年轮仍可辨认，主要是水松、牡蛎（蚝）和瓣腮类贝壳的动物堆积，埋藏深度一般在地表以下1—3米处。

富裕村境内开阔地带多为围田区，成陆较早，地势较高，海拔2.8—3米，组成物质以粘土质砂或砂质粘土为主。因围垦在先，无法利用潮水灌溉，但深受洪水影响。富裕村是顺德传统的经济作物区，更是典型基塘区，鱼塘、桑基、蔗基、杂基等人造地貌遍布。

二、丘陵和台地

村境内丘陵受地质构造线影响，多呈北西—南东走向，且分布零散，多为矮山残丘。在丘陵边缘，台地呈波状起伏，所占面积不大，切割不明显，现基本上已开发为聚落、工业区。

富裕村境内的主要丘陵：

依绿岗：也称"大凤岗""燕子岗"，位于西村，面积0.81平方公里，平均海拔40米，主峰海拔57.23米，由沉积岩构成，未发现矿藏。明代农民起义领袖黄萧养曾在此设练兵场。1972年在东侧曾挖掘出汉代古墓。

图1-7 山界

图1-8 卧蚕岗因地形隐蔽，山体沉厚，曾设防空洞

图1-9 放眼望去，三个山头鼎立，故名"三台岗"

　　卧蚕岗：也称"拥节山"，位于石涌村，因形似卧蚕得名，面积0.4平方公里，平均海拔30米，主峰海拔50.4米，由沉积岩构成，未发现矿藏。

　　三台岗：三个山头鼎立，位于沙富村，面积0.3平方公里，平均海拔30米，由沉积岩构成，未发现矿藏。

图1-10 富裕村全貌，沧海桑田，旧貌换新颜

三、水域

富裕村内河涌纵横，鱼塘遍布，水域分河流和鱼塘两种。

鱼塘起源于唐宋，盛于明清。根据村境地势低洼、潦水为患的特点，村人挖塘叠基，蓄水为池，形成特殊的人工地貌组合，即基塘。至2017年，全村有鱼塘约510亩，分布于石涌、沙富、西村、马村，相连成片。鱼塘多成长方形或正方形，每塘面积5—20亩，塘深2—3米。基宽大小不一，狭窄者如羊肠，仅可人行；宽阔者可达数米，中央脊部略高，

向两侧鱼塘倾斜，可种香蕉、大蕉、蔬菜等经济作物，亦可因地制宜种象草等鱼青饲料。

20世纪80年代以来，富裕村大力发展工业。为配合工业区开发，现富裕村内部分河涌已填塞，尚余较宽阔的扶安河、猛流涌两条过境河涌，村内也有窄小内河涌交错穿流，如石冲涌、马村涌和西村涌。

图1-11 万朵芙蓉铺绿水，千枝荷叶绕芳塘

第四节 河流水文

一、水系

富裕村没有独立水系，只有扶安河和猛流涌流过村境，以及西村涌、石冲涌、马村涌等几条村内窄小支流。

扶安河：呈西北—东南走向，从扶间起至安利止，流经富裕村南面。1975年，勒流公社组织各地青壮年开挖扶安河，同时对沿河农田开展大规模整治，方便沿河村庄的交通运输和农田灌溉。据1978年顺德县革命委员会和勒流公社股民委员会联合编绘的《勒流公社地图》记录，当时河西北端在黄连与扶间交界处，东南端在富裕马村，首尾尚未与大江大河连通，故原名"扶马河"。

猛流涌：从勒流龙眼起至大良金斗止，流经富裕村，在石涌村西南面。

二、潮汐

富裕村属珠江三角洲河网地区，潮汐现象明显。在正常情况下，每天出现一个高潮、一个低潮、一个次高潮和一个次低潮，两次高潮和两次低潮的高度相差较大，涨潮历时和落潮历时也不相等，每月以阴历朔望后2—3日潮位最高，上下弦后2—3日潮位最低，在潮汐的分类上，属混合潮中非正规半日周潮型。

图1-12 猛流涌，水流却不猛，缓慢平静

　　由于地理关系，境内河流受潮汐影响，均为双流向，一般都有顺逆流向出现。非洪水时期，一天出现两次高潮和两次低潮；受洪水影响，有时一天只出现一次高潮、一次低潮；在发生较大洪水时，上游地区会连续数天潮汐现象消失，或只发生一次高潮（洪峰）。

　　富裕村自古田畴交错，农业生产一般依靠自然排灌，利用高潮灌溉、低潮排水便可解决大部分农田排灌需求，潮汐现象对农业生产十分有利。但洪水期间遇上台风在珠江口或以西登陆，则会形成较大台风暴潮增水，一般可达0.5—1.0米，威胁堤围安全。

第五节　自然灾害与水利建设

一、风灾

1. 台风

2013年，西北太平洋和南海海域共有31个台风生成，是继1994年之后台风生成最多的一年，其中影响最为严重的是超强台风"尤特"和"天兔"，造成富裕村连场暴雨，街道积水。2015年的强台风"彩虹"，也对富裕村影响严重。

2017年，严重影响顺德的台风有3个，分别是强台风"天鸽"及台风"帕卡"和"玛娃"，台风接连在两周内登录，带来连场大暴雨，造成富裕村树木折断、车辆损毁、供电线路中断。

台风虽造成不同程度的破坏，但大面积降水可驱散高温，解除旱象。

2. 龙卷风

2011年4月17日，勒流街道出现历史罕见雷暴大雨及龙卷风恶劣天气，降雨量达到59毫米，平均风力达到6—11级，阵风超12级。部分市政设施、房屋及工厂遭到不同程度损毁。

2015年，受强台风"彩虹"影响，勒流街道遭遇龙卷风袭击，富裕村亦受影响，多间厂房顶盖被掀翻，卷闸变形。

二、低温

1. 低温霜冻

自富裕村建制后，录得霜冻的年份有1980年正月初三起，温度降到2℃，出现低温霜冻，村内鱼塘的鲮鱼冻死80%，鱼种亦难以幸免；1984年底至1985年1月，再次出现霜冻，塘鱼冻死情况严重。

2. 低温阴雨

中华人民共和国成立后，顺德县境内低温阴雨成灾的年份为1964年、1968年、1969年、1977年、1980年、1984年，其中1968年冻死秧苗谷种，冻坏蔬菜、香蕉、大蕉等农作物；1980年冻死大部分喜温塘鱼，其中鲮鱼冻死70%，非洲鲫几乎全部冻死。

三、其他自然灾害

1. 冰雹

1978年4月6日5时至5时20分，勒流降冰雹，雹粒直径

1.5—2.0厘米，个别重1.5公斤以上，损毁农桑、春植农作物以及大蕉、甘蔗等，甚至对人畜、房屋都有不同程度的影响。2013年3月28日，受高空槽和冷空气共同影响，勒流出现冰雹。2014年3月30日，勒流地区出现冰雹，最大直径达28毫米。

2. 雷暴

顺德属多雷暴地区，年均雷暴日约80天，造成雷击灾害的强雷暴约占20%，每年均有不同程度的雷击灾害，造成人畜伤亡及财产损失。据不完全统计，顺德地区年均出现雷击灾害30宗以上。为减少雷击灾害，现富裕村内企业、工厂、民房等各类建（构）筑物均按规定安装防雷设施。

3. 高温

受全球气候整体变暖影响，顺德境内年平均气温逐年升高。夏季6—9月经常录得极端高温。如2017年8月22日，录得气温39.2℃，创历史新高，是年7月30日顺德发布自2006年《广东省突发气象灾害预警信号发布规定》实施以来的首次高温红色预警信号。

四、水灾

1993年9月27日晚发生特大暴雨，富裕村大部分鱼塘过面走鱼，鱼户损失严重。1994年6月，顺德遭受1949年以来最大洪水威胁，富裕管理区组织参与抗洪抢险。1998年6月，再遇大洪水，顺德部分河段洪水位达200年一遇；2005年6月大洪水，过流量大，部分河段洪水位超100年一遇，富裕村损失轻微。2008年6月25日，顺德境内普降特大暴雨，出现多处路面水浸，富裕村局部低洼地区严重内涝。

五、水利建设

1.中华人民共和国成立前的围闸

顺德地处西、北江下游，除少数丘陵外，地面都在洪水位以下，每遇洪水暴涨，容易造成水患。建县至今，共发生较大型洪涝灾害170多次，波及境内各镇乡村。为防御水患，疏通排灌，筑围建闸成为顺德历代人民抗御洪涝灾害的首要措施。早在宋代，现容桂四基附近已修筑顺德最早的堤围——扶宁堤。

明代，县内河道淤浅日益严重。据史料记载，明代全县共修筑堤围17条，修建水闸22座。明代所筑围堤除右滩东成围、西成围尚存外，其余堤址多不可考。

17世纪中期，顺德与香山（即现中山市）间的海湾淤积成陆后，河口向南伸延，洪水宣泄更困难，水患日趋严重。由于人口增多，官府推行重农措施，优待开荒，准许疍民（艇民）上陆定居种地。清代，珠江三角洲筑堤围垦进入大发展时期，顺德境内各乡均有堤围修筑，数量达143条之多。如勒流的安乐围、忠义围、三益围等，筑围长度达22000丈（仅统计107条围，1丈约3.33米），是珠江三角洲修筑围堤最多的地区，同时兴建水闸356座。此外，各乡还开始筑坝治水。

清末，顺德开始联小围为大围，增强抗灾能力，并减少乡际间以邻为壑的矛盾。清代，勒流建成近20条小围。至20世纪40年代后期，南线从勒流圩至金陡（除锦鲤沙涌），北线从大晚至坝咀涌，已联围共筑。民国时期，共筑围127条、水闸172座，其中护卫千亩面积以上的堤围14条。

中华人民共和国成立前，全县共修筑大小堤围287条，建闸550座，但所筑堤围大多低矮单薄，遇上较大洪水，往往决堤成灾。

勒流西北部，原设勒流镇和黄连镇，工商业发达，经济繁荣，附近的农村被称为"上三乡"，是经济作物区，以种养甘蔗、塘鱼、蚕桑为主；东南部，则远离城区，相对落后，俗称"下三乡"，除种养甘蔗、塘鱼、蚕桑外，也栽种水稻。勒流地势，上三乡低，下三乡高。富裕村属下三乡，因地势稍高，且村内只有扶安河、猛流涌两条稍阔的内河涌流经，故自身洪涝灾害较少，但邻近村庄一旦洪涝，亦势必殃及富裕村。

2. 中华人民共和国成立后联围筑闸

勒流地区河网密布，外江河流有顺德支流、顺德水道、甘竹溪等。中华人民共和国成立后，曾多次在汛期险酿洪涝灾害。1959年6月洪水，水位达109.37米，是有史以来最高水位，导致勒北鲤鱼沙围决崩围，勒北西胜围有决口一处，稔海翁花沙围有险。最终勒流公社全民动工加高堤围0.5米，才安然脱险。

图1-13 小河弯弯，逶迤而去，诉说千年故事

图1-14 村中古树生机盎然

第二章　乡村社会

第一节　居民构成

　　西村依山傍水，风水绝佳，是地富民强的福地。村中以苏姓、潘姓居多，代代繁衍，成为村中大姓。抗日战争时期，日军入侵，烧杀抢掠，后顺德沦陷，民不聊生，西村人食不果腹，或饿死，或逃难，到中华人民共和国成立初期，全村只剩72人。

　　马村是富裕村最小的自然村，现以刘姓为主，人口较少，日军侵华期间，村内人口更锐减至二三十人，后归入西村小组。

图2-1　西村麻石街

石涌村自古物阜民丰，曾设上下三街，三圩六市，计有鸡鸭圩、桑市、茧市等。鼎盛时期，人口过千，及后，因战争、天灾及匪祸，民不聊生，至1952年土地改革清点人口，全村仅余216人。村中姓氏较多，现以吕、陆、陈、周居多。

沙富以连姓为主，分布在沙富村一组、二组。另外，中华人民共和国成立后一些水上人家落户入籍并逐步繁衍，以郭、梁、霍、周等姓氏为主，组成现沙富村三组。

至2018年，富裕村户籍人口2411人。其中男性1199人，女性1212人，非户籍外来人口约7000人。三个村的人口分别如下。

沙富村：2018年末，沙富村户籍人口998人。村中几大姓氏依次为连姓、郭姓。

石涌村：2018年末，石涌村户籍人口734人。村中几大姓氏依次为吕姓、陆姓、陈姓、周姓。

西村（含马村）：2018年末，西村户籍人口679人。村中几大姓氏依次为苏姓、刘姓、潘姓。

第二节　党政工作

1952年11月10日，富裕乡成立人民政府。苏伟添任乡长，陈栈、唐炽芬任副乡长。1953年，富裕成立农村互助合作组，组长杜恭祺，副组长陆邓元。

自1958年起，富裕村行政管理机构沿革如下：

1958—1979年，称富裕大队；1983—1987年，称富裕乡政府；1987—1989年，称富裕村村民委员会；1989—1999年，称富裕管理区办事处；1999年至今，为富裕村村民委员会。

富裕村党组织1977年起领导任职列表（一）

时间	职务	姓名
1977年7月—1980年7月（富裕大队党支部）	书记	潘哲林
	副书记	连永贤
	委员	杜恭祺、苏九、苏发朋、霍瑞球、周广辉、苏友婵、陈显荣
1980年7月—1984年7月（富裕大队党支部）	书记	连永贤
	副书记	陈显荣
	委员	杜恭祺、苏九、苏发朋、霍瑞球、周广辉、苏友婵
1984年7月—1986年7月（富裕乡党支部）	书记	连永贤
	副书记	陈显荣
	委员	苏友婵、苏发朋、郭胜元
1986年7月—1989年7月（富裕乡党支部）	书记	连永贤
	副书记	陈显荣
	委员	苏友婵、郭胜元
1989年7月—1992年7月（富裕管理区党支部）	书记	连永贤
	副书记	陈显荣、苏友婵
	委员	郭胜元
1992年7月—1995年7月（富裕管理区党支部）	书记	陈显荣
	副书记	郭胜元
	委员	连永贤、苏友婵
1995年7月—1998年7月（富裕管理区党支部）	书记	陈显荣
	副书记	郭胜元
	委员	连永贤、苏友婵
1998年7月—2001年7月（富裕村党总支部）	书记	陈显荣
	副书记	郭胜元
	委员	苏友婵

富裕村党组织1977年起领导任职列表（二）

时间	职务	姓名
2001年9月—2004年9月 （富裕村党总支部）	书记	苏振忠
	副书记	郭胜元
	委员	周祥佳
2004年9月—2007年9月 （富裕村党总支部）	书记	苏振忠
	副书记	刘夭仔
	委员	周祥佳、郭胜元
2007年9月—2010年7月 （富裕村党总支部）	书记	苏振忠
	副书记	刘夭仔
	委员	周祥佳、梁晓梅
2010年8月—2013年7月 （富裕村党总支部）	书记	周祥佳
	副书记	刘夭仔
	委员	梁晓梅、刘林开、连润强
2013年7月—2017年4月 （富裕村党总支部）	书记	周祥佳
	副书记	刘夭仔（至2014年）
	委员	梁晓梅、刘林开（至2015年） 连润强、吴敬鹏（2015年起）
2017年4月—现在 （富裕村党委）	书记	周祥佳
	副书记	梁晓梅
	委员	连润强、吴敬鹏

图2-2 富裕村"社会主义核心价值观"宣传装置

富裕村村民委员会历届领导任职列表

时 间	职 务	姓 名
1999年1月—2002年4月	主任	陈显荣
	副主任	郭胜元
	委员	郭铨松
2002年4月—2005年4月	主任	苏振忠
	副主任	刘耒仔
	委员	郭胜元
2005年4月—2008年4月	主任	苏振忠
	副主任	刘耒仔
	委员	周祥佳
2008年4月—2011年4月	主任	刘耒仔
	副主任	周祥佳
	委员	梁晓梅
2011年4月—2014年1月	主任	刘耒仔
	副主任	周祥佳
	委员	梁晓梅
2014年1月—2017年5月	主任	周祥佳
	副主任	梁晓梅
	委员	刘林开（至2015年）
2017年5月—现在	主任	周祥佳
	副主任	梁晓梅
	委员	连润强

图2-3 富裕村"依法治国 执法为民"宣传装置

图2-4 簇新的桡桨，体现的是力量和团结

第三章　乡村文化

第一节　文化组织

龙狮团：中华人民共和国成立前，石涌村曾办名为"学龙堂"的龙狮团，常到邻近区乡采青，名声在外。

文娱组：中华人民共和国成立之初，马村曾和附近的西村、裕涌村等村联合办文娱组，轮流在各村间搭戏棚，演话剧、唱大戏，公社化时期解散。

曲艺社：中华人民共和国成立前，富裕村曾设有专业粤剧团，曲艺底蕴深厚。2017年，将沙富连氏宗祠一经堂活化，改建成富裕曲艺展览馆。一经堂建于清同治十二年（1873年），民国时期曾为学校、银行，后用作村民集会宴席场所。改建后的富裕曲艺展览馆，占地面积约80平方米，2018年对外开放。2019年，老人活动中心（观敬堂）的文化综合楼一楼被装修建设为曲艺室，为曲艺爱好者搭建曲艺学习交流平台。

龙舟协会：2018年6月，由富裕沙富村及港澳连氏乡亲筹建成立沙富龙舟协会，会员约60人，并新造龙舟一艘，名为"武当宫"，致力于推广、弘扬龙舟文化。此后，每年端午节期间，均组织"起龙""游龙"等活动。

青少年醒狮队：舞狮是顺德特色风俗文化。富裕村一直

No

图3-1 富裕曲艺展览馆

秉承强身健体、代代传承的发展理念，于2018年成立青少年醒狮队。通过深入学习舞狮技巧和舞狮文化，青少年醒狮队多次在村内、村外各种重要活动中演出和比赛，获得各方好评和多个奖项。

书画社：富裕村从2011年起，于每年暑假开展书法培训班；自2015年起，每周末开展书画提升培训；2019年改造老人活动中心，建设书画社，为村内书画爱好者提供学习平台。

第二节 文化活动

中华人民共和国成立前，由于经济尚不发达，且村中未通电，兼柴油、煤油稀缺，入夜后，村内一片漆黑、悄然无声，故富裕村人文化活动不多。

20世纪50年代，马村曾和附近的西村、裕涌村等村联合组织文娱组，轮流在各村间搭戏棚，演话剧、唱大戏，丰富村人生活，演得相当红火，至公社化时期停止。

改革开放以来，富裕村经济渐盛，村人崇文尚教，文娱活动渐兴。连年组织举办春节"舞狮"、元宵"猜灯谜"、三八妇女节"趣味运动会"、重阳节"敬老"等活动；寒暑二假，则组织青少年儿童兴趣培训班；村中长者亦自发组办太极队、健身队等。

此外，村里还定期组织举办各类型讲座和文化惠民活动，如每月的患病长者探访，春节、中秋节85岁以上长者探访，长者养生讲座，妇女提素培训，家庭教育讲座等。参加

图3-2 小小孩童，气定神闲、功架十足

图3-3 长者生日会

图3-4 幸福桥梁——富裕职业女性幸福季活动讲座

区内各项儿童、妇女、长者大型项目，如"3861裕乐童年青少年儿童培训班""幸福桥梁——富裕职业女性幸福季""众创共善——裕乐耆融，富裕老友记长者服务"等。

第三节　教　育

从明至清，顺德各乡、堡的教育经费来源除官府拨给外，更主要的是民间集资。其时兴办的书院（包括义学）、学堂、社学遍布城乡。

明清两代，村中的祠堂、庙宇都曾充当过私塾，成为村中子弟启蒙开悟处，从学习《三字经》《千字文》《增广贤文》等开始，富裕村人步步走到县城、省城等更高等的文社书院，埋头苦读，以期金榜题名，光宗耀祖。清光绪三十二

图3-5 富裕小学旧址，已成为富裕村人美好记忆

年（1906年），沙富村兴办石涌堡丙等小学堂，校址设在沙富忠心街。

1965年，石涌水月宫曾用作富裕小学分校，设小学低年班。20世纪70年代起，富裕小学附设初中班。1971年，富裕小学由沙富迁往西村苏氏大祠堂（现富裕村村民委员会）。1993年，村内集资100万元，重建富裕小学。2002年，富裕小学合并到新龙小学。新龙小学是勒流街道教育局属下一所全日制公办小学，佛山市优质学校，现有24个教学班，在校学生1100多人。

2017年，由股份合作社、村民委员会等共投资1000万元，易地重建富裕幼儿园，并于2018年2月开园，有学位500多个。

图3-6 富裕幼儿园

图3-7 科技室是孩子们发挥创意的天地

图3-8 孩子们的温馨乐园

第四节　医疗卫生

明清至民国年间，富裕村民众患病，或自行服用山草药，或听信江湖游医以偏方医治，或到私人诊所及药铺求医问药，医疗设施普遍落后，卫生状况堪忧。其间，勒流地区一些大乡办有善社，赠医施药，也免费为儿童接种牛痘。中华人民共和国成立后，勒流地区逐步办起卫生所。1952年12月，顺德县人民政府卫生院在勒南乡月溪祠筹建六区卫生所，1953年1月开诊。

1958年5月1日，顺德县人民政府卫生院六区卫生所与各联合诊所合并为"勒流大联合诊所"。7月1日，勒流联合诊所、黄连联合诊所合并为"顺德县大晚乡勒流医院"，下设9个门诊部、1个医疗站（大塘司令部医疗站）、2个巡逻医疗队。龙眼、众涌、鹤村等联合诊所亦合并为"富裕医院"，下设3个门诊部。同年10月，大晚乡、富裕乡合并为勒流人民公社后，勒流医院、富裕医院合并为"勒流人民公社中心医院"，设"富裕分院"。

1959年，番禺县、顺德县合并为番顺县，勒流人民公社中心医院易名为"番顺县勒流人民公社卫生院"。同年6月，因顺德改制，称"顺德县勒流人民公社中心医院"。

1962年7月1日，为贯彻"一社一院"制，原卫生院划分为勒流、黄连、众涌、富裕卫生院。

1968年，人民公社体制变革，四个小公社卫生合并为一个大公社卫生院——勒流人民公社卫生院。

1951年，顺德县开始培训接生员，建立农村接生室。1956年，培训农村保健员，富裕村各农业生产合作社均设立卫生室，配备1—2名不脱产卫生保健员。1958年7月至1959年4月，设立富裕医院，院长为谭星翘。1959年5月至1962年，设立勒流卫生院富裕分院，院长为曹兆堃。1964年，富裕开办合作医疗，村民每人每月交5元，医药费全报销。1968年，根据全县统一部署，富裕村培训、复训"赤脚医生"（含接生员），在各生产大队设立合作医疗站。

1978年，全县农村医疗机构进行体制改革，"赤脚医生"改称"乡村医生"。2003年，勒流镇贯彻并分步落实城乡居民参加"合作医疗"。是年12月，富裕村推进城乡合作医疗工作，股份合作社和村民各承担50%费用。2006年4月，富裕推进创建省卫生村工作，并于当年通过验收。2014年，富裕社区卫生服务站建成投入使用。

富裕村现有的医疗卫生机构：

富裕社区卫生服务站：位于龙冲路6号，常驻医务人员1人，另连杜社区服务站3名医生休息时也到富裕轮班，开展日常诊疗工作，包括常见

图3-9 富裕社区卫生服务站，默默护卫着富裕村人的平安健康

见病、慢性病防治、外科简单清创缝合小手术，以及普通病人自费抽血送勒流医院检验、心电图诊断，并逐步开展中医治疗。

富裕村卫生站：位于沙富大街（老人活动中心旁），有医务人员1人。

第五节　文物和非物质文化遗产项目

石涌、沙富、西村、马村均开村较早，古村落的痕迹随处可见。除年代久远的石涌村"瓮城遗迹"外，石涌向西南的二龙山（依绿岗）有传说中黄萧养义举时的点将台和插旗

图3-10 英国留学回乡创业的顺德勒流富裕村女孩苏海明，承传祖辈制船制龙舟技艺，创新制作龙舟工艺精品，致力弘扬龙舟文化精粹，积极融入现代市场

洞、有祭天地时奠酒所成的三杯酒旧址（大塘）。传说马村是黄萧养义军练兵养马的地方，大凤岗公园内尚存西汉古墓及古人类贝丘遗址。此外，沙富宗祠、连氏古墓群、旗杆夹石等皆为富裕村颇具历史文化价值的遗迹，更是富裕村先民智慧的印记。

一、西村

庙宇：西村内先后建有五座古庙，村头、村尾各有一座观音庙，村头是苏姓天后宫，村尾是潘姓天后宫，主祀观

图3-11 西村天后宫，承载着一代又一代西村人的记忆、信仰和美好祝愿

音、天后，还有文武庙（祭祀文圣、武圣）；白马庙（祭祀白马将军）。惜上述庙宇1958年悉数被拆，材料搬到大晚乡，建造万人大会堂。1996年，村民集资，易址在现西村牌坊旁，由苏镜明负责监工，重建天后宫。新建的天后宫，仿照原苏氏族人的天后宫，但规模略小，进深约15米，前座供奉天后娘娘，后座观音台供奉观音菩萨。

社坊：西村自南宋开村至今，村中留存多处社坊，分别是镇南社、接龙社、聚龙社、安阜社等。《说文解字》注有"社，地主也"。《礼记》之《祭法》篇载："满百家以上，得立社"。民间称土地神为"社公"或"土地公"。每逢土地诞，一众村民在社坊前虔诚礼拜。

图3-12 小小社坊，是乡村的符号；斑驳的墙身，是曾经香火鼎盛的印记

闸门头：西村有闸门头三个，分别是村头"珠玑耀尾"，有对联：迎逢远近逍遥过，进退连还道达通。一联十四字，全为走之旁，字形相近且对仗工整，既点出村中巷陌纵横，交通便利的地形，又寄意后人需有可进可退、心怀高远的人生态度，更提醒后人，需铭记先祖排除万难，以竹排顺江而下的艰辛，做到慎终追远、

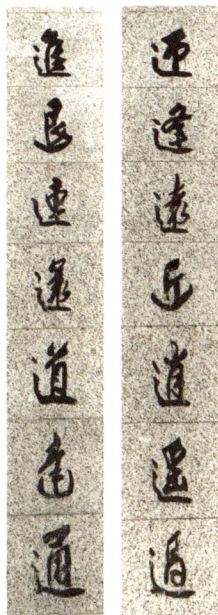
图3-13 西村十四字对联，细说开村历史

饮水思源。村心"飞凤流辉",有对联:**飞凤家声同日永,流辉世胄与天长。**村尾"秀水东关"(对联已失)。据传,西村三个闸门皆朝向县城大良文塔(青云塔),因有人断言,如此朝向,则子孙后代必可学有所成,科举高中。

祠堂:村中原建有祠堂多处。苏氏大宗祠(流芳堂),在现今村委会位置。1963年强台风时坍塌,1971年富裕小学从沙富村迁至西村,成为富裕小学校址。2002年富裕小学合并到新龙小学,再改建成富裕村民委员会。惜种种原因,村中苏氏祠堂只剩下为数不多的几间,且规模较少,甚至被改建成蚕房,如接源苏公祠;或因年久失修而坍塌,如南岭苏公祠。至今还作祠堂用途的仅有翠堂宗祠,由五世祖三子翠堂公的女儿苏惠英及夫婿区龙桢兴建,为祭祀五世祖三子翠堂公而建,1996年重修。祠堂门口刻有对联"**溯典蜀耀珠玑龙穴地灵宗五世,负青山环绿水燕巢春色映三台。**"寥寥数字,溯源珠玑,宗显五世,更点明宗祠面对龙口沙,邻近燕子岗,背靠三台山,依山傍水的山水格局。翠堂宗祠曾作大队旧址,也曾用作仓库。

在古代,祠堂俨然是一族的管理中枢,族人对于祠堂的形制、格局相当讲究。

顺德人向来深谙山水格局。顺德地处水网地带,河涌星罗棋布,临水容易,即使不靠水,也在祠堂前挖砌水塘;但顺德山少,祠堂靠山不易,有些祠堂在后座旁边堆叠小山,构成"依山傍水"格局。富裕地理得天独厚,有环村山岗多个,更有大演河绕村分支细流。翠堂宗祠,完全符合古人建

图3-14 翠堂公祠是西村现存保存较好的祠堂

祠"依山傍水"的格局。

苏姓有俗例，凡是岁年添丁，在大祠堂（流芳堂）分派油煎、猪肉等，以昭告祖宗和乡人。

潘姓曾建有师孟潘公祠，1958年被拆除，材料用于改建猪场、饭堂。也曾建有潘氏生祠（潘姓人尚在人世而建成的祠堂），惜抗战期间，物资短缺，族人唯有拆卖生祠换口粮以果腹。至大跃进期间，剩下的四堵墙，也拆来建设猪场和食堂。

旗杆夹石：西村现有多处旗杆夹石，彰显先祖诗书传家，村人好学成风。原苏氏大祠堂（现富裕村委会）前有四

同治七年戊辰科會試中 式第五十二名進士

欽點翰林院庶吉士

图3-15 风雨飘摇，数百年旗杆夹石依旧屹立不倒

对旗杆夹石，是同姓不同宗的苏冕（杏坛桑麻村人）于清同治七年戊辰科（1868年）会试中式第五十二名进士钦点翰林院庶吉士时所赐。庶吉士，亦称"庶常"，源于《书经·立政》"太史、尹伯，庶常吉士"，即"以上官员，皆祥善吉贞"之意，后专指进士经考试选拔进入翰林院内负责起草诏书、为皇帝讲解经籍的人员，明清重臣多从庶吉士起步。

因种种原因，旗杆夹石被拆，现仅存两对。旗杆夹石为西村昔日取得功名的官员衣锦还乡、光宗耀祖的最好见证，也可旁证西村先民对知识的尊重和渴求。

清光绪年间，西村曾出现两名苏姓举人。清光绪十五年（1898年），苏自元中举，中式第六十名进士；清光绪十七年（1891年），苏兆元中举，中式第五十七名举人。现村中仍保存有苏自元中举的旗杆夹石。苏兆元为苏自元兄长，可谓一门双杰。

大宅：村中潘氏，原相当富有，清末民初，一条街一排十八间铁门大屋，豪华气派。后匪患横行，潘家连番遭盗，家道中落，后渐迁出。现村中苏氏大户人家仍有多处两三层高的镬耳大屋，保存完好，当年富家大宅气派，可见一斑。坊间对镬耳大屋，有顺口溜"昼夜笙歌镬耳屋，千两黄金万担谷"。虽稍夸张，仍不难得知，当时只有富贵人家才可拥有镬耳大屋。村民苏成枝的祖屋，是建于明万历三十一年（1603年）的镬耳大屋，高两层。当年苏氏先祖，富贵而深盼子孙学成进仕，故建镬耳大屋，勉励他们科举高中，戴官帽，入仕途，光耀门楣。当时的镬耳大屋，墙身用泥、糯米

图3-16 苏成枝旧宅，建于明代，而今仍保存完好

粉等调制而成，冬暖夏凉，坚固耐用。至今，苏氏祖屋的龙船脊、趟栊门、红砂岩台阶、百年水井等依然完好。

麻石街：顺德农村，昔日多为泥路，在现今各处大街小巷被水泥路、沥青路覆盖的大环境下，西村的白麻石街依旧光亮。白麻石街，建于清代，历经数百年，白麻石依旧麻花点点、黑白花斑均匀分布，粗犷美观，坚硬耐磨，防滑防摔，承载着西村人的温暖记忆。如果说旗杆夹石是西村文风昌盛的标志，麻石街则是西村经济繁荣富庶的痕迹。

二、马村

庙宇：马村内曾建有医灵庙，1958年遭拆。1997年由本土企业家苏锡潮和刘奀仔牵头在原址重建，共供奉大小九位神仙，正主为前殿医灵大帝及后殿天后娘娘。每年农历三月十五医灵诞，全村会举行庆典，村人齐集祭拜，祈求身体健康，国富民强，热闹而喜庆。医灵庙，在中华人民共和国成立前曾有一段时间作村内私塾用。

图3-17 医灵庙，香火不断，寄托着村人的美好祝愿

社坊：村内有社坊2个：广发社、环秀社。其中广发社为刘姓社坊，环秀社为潘姓社坊。后来潘姓全部迁出村，但每逢土地诞，村民会在两个社坊前虔诚礼拜。凡有红白二事，村民亦会到社坊祭拜。另外，每年正月十六，村内会举办大型庆灯仪式和置办庆灯酒。

图3-18 马村环秀社坊，在日出日暮中，看村人迎来送往

旗杆夹石：村内现存一对旗杆夹石。相传与杏坛逢简刘鲲海有关，刘鲲海与马村刘姓同姓不同宗。

祠堂：村中原建有祠堂3座，分布在现医灵庙左右两侧，包括刘氏宗祠，及分房祠堂东城刘公祠和南山刘公祠。惜日军侵略期间，民不聊生，祠堂全部拆卖。现祠堂杳杳，唯原址所在的街道名——祠堂巷，字迹常新，依稀有百十年前此处祠堂林立，香火鼎盛的痕迹。

三、石涌村

庙宇：祠堂，是宗族文化的物化形式，而庙，是民间信仰的物化形式。《顺德县志》载："邑人最重祈祷，每乡必有神庙，谓之乡主庙。乡人往祷者，刑牲献醴，焚燎如云。"庙，既是人们信仰的皈依地，亦是历史文化的汇聚处。庙宇建筑大多与传统宫殿建筑形式相结合，具有鲜明的民族风格和地方特色。

坊间有顺口溜："沙富祠堂石涌庙，连村闸门古鉴桥"，极言石涌古庙繁多。连村在20世纪70年代从富裕村分出。石涌庙宇，继承中国寺庙风格，更融合地方特色，不再是宏大巍峨的大型建筑群，转为紧凑简单、小而精的二进小院。庙宇也不再单纯以礼佛为唯一供奉对象，而是供奉地方甚至本村神祇。这些神灵，既有一个领域明贤的化身，又有为村人消灾解难的民间能人，散发着浓厚的地方特色和人间温情。

石涌曾有水月宫、天后宫、观音庙，另有供奉文圣、武圣的文武庙、东岳庙，建于石涌往大良石路旁的三郎庙、华佗庙、主帅庙等庙宇十多座，惜大跃进时大多拆毁，现仅存水月宫半间，及重建的观音庙、华佗庙、康帅庙等。

水月宫：因旁边原建有天后宫，俗称"孖庙"。据仅存的红砂岩石地脚推断，始建于明代。清光绪十五年（1898年）重修，历史久远。庙堂后半部分拆毁作他用，前部基本保留完好。1965—1980年曾作小学，现不复庙宇祭祀功能，改建为杂货店。

图3-19 石涌水月宫

观音庙：在大跃进期间被毁，至20世纪90年代重建，现供奉观音菩萨、金花娘娘等多位神主，供村民祈愿消灾解难、家宅平安及求子添丁。

康帅庙：供奉康主帅，20世纪90年代重修。

图3-20 重修的石涌康帅府、观音庙

华佗庙：供奉华佗。相传当年山洪暴发，有一神像漂到石涌被村民捡后，得知是华佗，于是就地建起华佗庙供奉木像，以祈求祛疾除痛，平安喜宁。

图3-21 华佗庙

石涌村的天后宫（水月宫）多与观音庙合祀，一并供奉天后娘娘和观音菩萨。天后，福建、港澳地区多称"妈祖"，本是保佑出海渔民的女性神灵，因顺德沿海且河涌纵横，妈祖传入顺德后，这种体现女性母爱的神格逐渐扩大，天后遂成为融合各种美好愿望于一身的女神，更延伸出"送子"功能。人们通过天后与观音合祀一并满足多种信仰需求。

外来信仰与本地民俗相结合，多能衍生出契合当时社会需求的新风俗，满足不同人群的心理需求和实现对生产生活秩序指引，渐渐构成一个愈发多元且稳定的文化结构和民间信仰。顺德人供奉观音、金花娘娘、关帝、北帝、医灵公等，满足着安宁吉祥、子嗣绵绵、平安吉顺、海上安全、身体安康等文化意愿与现实需求，同时，也诞生出不同的行业信仰。他们供奉蚕桑业神嫘祖、建筑业神鲁班、蚕神蚕姑娘娘、刺绣女神日娘等，构成丰富多样的行业神崇拜。

祠堂：石涌村姓氏较多，包括吕、吴、陆、梁、陈、周等。其中吕姓、陈姓等曾建有多家祠堂，还有关家祠、区家祠、曹家祠、杜家祠等。如吕姓的鉴湖祖公祠及秀石公祠、会川公祠、陈氏宗祠积厚堂等，惜日军入侵，祠堂拆卖。此后，所有祠堂均遭受严重毁坏。

后来，关姓、区姓全部迁出，石涌不再有此二姓。

现石涌村吕姓，有两支。据《吕氏族谱》记载，一支以姜太公吕尚为始祖，辗转至七十世祖仲卿公始迁至广东，元代延祐年间（1314—1320年），吕氏七十八世壬卿公（字鉴湖）由南海西隆村迁入石涌堡龙眼乡，为石涌堡始祖鉴湖祖，壬卿公生有二子，长子仕福，字文祯，号云峰，世居龙眼，为龙眼房吕氏；次子仕华，字文祥，号锦峰，迁居石涌村，为石涌房吕氏。"伯仲之间居甚近，谊甚笃焉"，石涌村吕氏与龙眼村吕氏同祖同宗。据一直致力于研究石涌吕氏根源历史的吕东红先生的研究，石涌村吕氏为锦峰公后裔。

图3-22 瓮城高第闸门头

　　闸门头：闸门，意即围城之门，作用是抵御盗贼。若盗贼进村，则关闭闸门，号令全村，瓮中捉贼。

　　石涌原在村前村后各建有闸门一座，闸门两侧均建有砖石土墙至山边和涌边，入村（向龙眼村一侧）闸门头横石刻有"瓮城高第"四字，村后（向连杜村一侧）闸门头横石刻有"石瓮铭驱"四字。据村中族老介绍，碑刻文字源自御旨"此地臣民，真高第也"，以及"此乃铭驱之所"。"铭驱"或指吕嘉当年战事。20世纪50年代，闸门尚存，大跃进期间拆毁。1992年，仿原貌重修闸门。

图3-23 瓮城高第，石瓮铭驱，古朴沧桑

石瓮遗迹：即相传汉代石瓮城堡旧址。《五山志林·卷七·石瓮涌》记载："越人谓石瓮曰石涌，今大瓮高至六尺，大倍之，名曰石涌瓮，家家有之，盖取瓮城之义。石涌，乡名，盖因吕嘉筑瓮城，故亦名之。"

据清代梁廷楠的《南越五主传》谓："南越丞相吕嘉守城抗拒，破城。吕嘉携南越王建德突围，率子弟兵西去，到太艮（今大良），渡鉴江（今县城鉴海路一带），筑金陡（今大良镇金陡乡）、石瓮（今勒流石涌乡）两城，固守拒汉兵。博德领兵追至，编桥渡鉴江，破金徒、石瓮两城，擒获建德、吕嘉。"

瓮城，又称"月城""曲池"，是古代城池中依附于城

图3-24 石瓮遗址，村名来源，由此可知

门，与城墙连为一体的附属建筑，多呈半圆形，少数呈方形或矩形。早期城池，城墙主要是用土夯筑或版筑而成。东晋时期，出现用砖包砌的城墙。唐、宋时期，较大城池都用砖包砌城墙。明、清时期，用整齐的条石、块石和大城砖包砌城墙已较普遍。当敌人攻入瓮城时，将主城门和瓮城门关闭，守军即可对敌形成"瓮中捉鳖"之势。

除"瓮城高第"及"石瓮铭驱"两处古迹外，石涌村内街巷也曾有门头多处，表明石涌自古巷陌相通，人口众多，经济繁盛，但岁月沧桑，如今只剩门头名字，如三多里、街边里、仁和里等。三多里，以红砂岩石为地脚，可推测其始建于明代。门楼墙身以青砖砌成，约2米高，3米宽。"三多里"源于中国古训"多福、多寿、多子"。可见古老文化与美好愿望在乡间的生命力。

碑记：现"瓮城高第"旁边，有清嘉庆二十三年（1818年）村人集资修建石涌通往龙眼石路的碑记《北约中约两坊同修村北路碑记》，记录石涌人合力同心改善交通的合作历史。

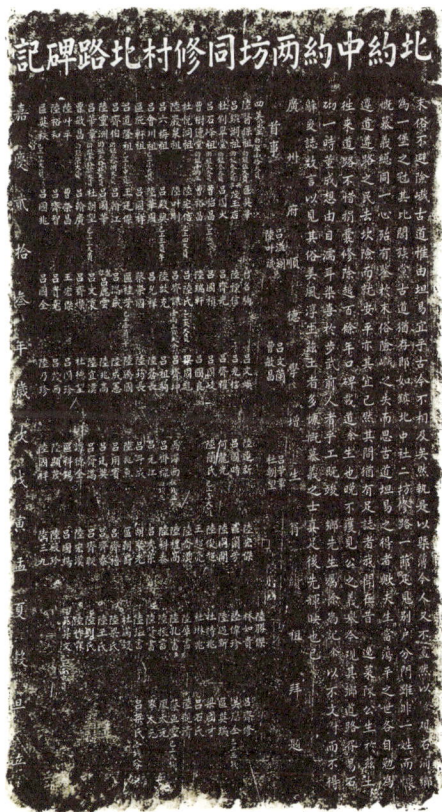

图3-25 瓮城修缮碑记

社坊：石涌有社坊多个，如东约坊、东元坊、北约坊、中约坊的镇北社、镇西社，汇源社、东来社、东头社等，每年正月十一至十四，各社轮流组织举办庆灯酒。

旗杆夹石：石涌原有一对旗杆夹石，是村内吕姓举人的功名标志。石涌村吕家子弟有明嘉靖年间（1522—1566年）吕朝阳（原名吕调阳）中举人，任江西余干县教谕。

石涌东汉遗址：1973年，文物工作者在石涌拥节山北面一片宽阔地平鱼塘一带调查，在该处三处鱼塘断面和塘边灰黑淤泥中采集到一批汉代遗物和动物骨骼。其中有陶纺轮2个、陶网坠3个、绳纹陶釜残件9个、泥质印纹陶片一批。瓮罐类型特点为尖唇外突、短颈、鼓腹、平底。陶器残片纹饰为方格纹加稀疏方形或鞭形小戳印纹，方格纹印纹较深，偶有弦纹和箆点纹组合，为珠三角东汉典型纹饰。瓮罐多为素面陶和釉陶。动物骨骼为鹿角、牛骨骼。从出土物件中，可知当时人们渔猎为主，尚未出现大量的耕作生产，气候类似如今华北一带。

四、沙富

祠堂：沙富历史悠久，坊间以"沙富祠堂石涌庙"描述沙富的祠堂众多且华丽恢宏和深厚历史。

现沙富保存多座明清祠堂，是沙富连氏辉煌及显赫的见证，亦是研究珠三角明清建筑及木刻艺术和宗族文化的重要实体。

中华民族历来以农耕文明为底色，而农耕社会是一个相当稳定的社会，在物质生产上依赖自然，在社会结构上尊奉宗族制度，在精神建构上遵循天人合一。作为祭祀宗族祖先的场所，明清以来，宗祠在维护乡村秩序、维持民间道德规范、普及乡村初级教育等方面作用深远。作为对乡村培育的回报，乡村商人积累财富或从科举入仕功成名就后多荣归故里，修葺宗祠，光宗耀祖。

　　对于祠堂，明末清初学者屈大均在《广东新语》中精辟概括为："其大小宗祖祢皆有祠，代为堂构，以壮丽相高。每千人之族，祠数十所，小姓单家，族人不满百者，亦有祠数所。其曰'大宗祠'者，始祖之庙也。庶人而有始祖之庙，追远也，收族也。追远，孝也；收族，仁也；匪僭，匪谄也。岁冬至，举宗行礼，主祭者必推宗子或支子，祭告则其祝文必云：裔孙某谨因宗子某，敢昭告于某祖、某考，不敢专也。其族长以朔望读祖训于祠，养老尊贤，赏善罚恶之典，一出于祠。祭田之人有羡，则以均分。其子姓贵富则又为又为祖祢增置祭田，名曰'蒸尝'，世世相守。"

　　《顺德县志》记载：顺德最重祠堂（语云："顺德祠堂南海庙"），大族壮丽者，动费数万金。祠堂蒸尝，以供春秋二祭及清明墓祭、冬至庙祭之用。有余并给族贤膏火与生童应试卷金，举人会试路费。

　　祠堂成为宗族的标志，也是宗族历史最重要的载体之一。一个宗族与否繁盛，地位高低，人丁兴衰，人才多寡，仅从宗祠宏丽与否，数量多少便可知晓。

顺德众多姓氏始祖多从外地迁入。移民过程中，外来人口要想在顺德扎根生存，多依靠宗族制度构成血族成员，以亲族力量抵御土著或外来欺压和侵占，保卫自己，站稳脚跟，求得生存和发展，祠堂尤显重要。

因此，人们一直认为，要维系族人，必先建祠堂，立尝产，修族谱，作家训，育英才。在他们眼里，宗祠、祖墓、尝产，三者为立族根本。沙富连氏，宋代始迁入，晴耕雨读，砥砺奋进，举人辈出，积财渐富，首要任务，便是建祠修谱。

中华人民共和国成立初，沙富村约有祠堂15间；至今，尚存7间，多为明清两代始建。众多的祠堂，足见当年沙富的富庶及族人对祖先的尊敬与怀念。

连氏大宗祠，即连氏祖祠，在现观敬堂旁边，规模盛大，富丽堂皇。惜大跃进期间拆掉，材料搬到大晚建造会堂。拆毁前，曾作为沙富学堂使用。民国时期，沙富连普英任顺德教育部长，与时任顺德县长陈同昶为同学，极重视家乡教育。当时，沙富学堂已使用国民课本，开设历史、地理等课程。

现存7座祠堂介绍如下：

连氏五世祠（源远堂），始建于明正统二年（1437年），面积约300平方米，为纪念连氏开村第五代先祖筑建，后座已拆。2018年动工修缮，现活化成顺德区家风家训馆。

纯菴连公祠，始建于明代，清康熙年间（1662—1722年）重修，面积约160平方米，20世纪70—80年代拆除后座。

图3-26 连氏五世祠

图3-27 纯菴连公祠

2018年动工修缮，现活化成富裕村家风馆和文化影视室。

连氏载平祠，始建于清雍正年间（1723—1735年），面积约200平方米，为纪念连氏十三世祖而建。2018年动工修缮，现活化成富裕村史馆。

图3-28 连氏载平祠

介于祠，始建于明末，现空置，待修缮。

碧台祠，始建于明天启年间（1621—1627年），为纪念连氏十一世祖而建，现用作医疗卫生站，待修缮。

敬吾连公祠（一经堂），始建于清同治十二年（1873年），面积约740平方米，属于顺德区文物保护单位，连氏喜庆宴客场地，2013年修葺重光，2017年祠堂右侧活化为富

图3-29 敬吾连公祠（一经堂）

裕村曲艺展览馆。

四秀祠（观敬堂），始建于清乾隆年间（1736—1795年），至清光绪年间（1875—1908年）完工，保存状况良好，现作富裕村老人活动中心和党群服务中心。

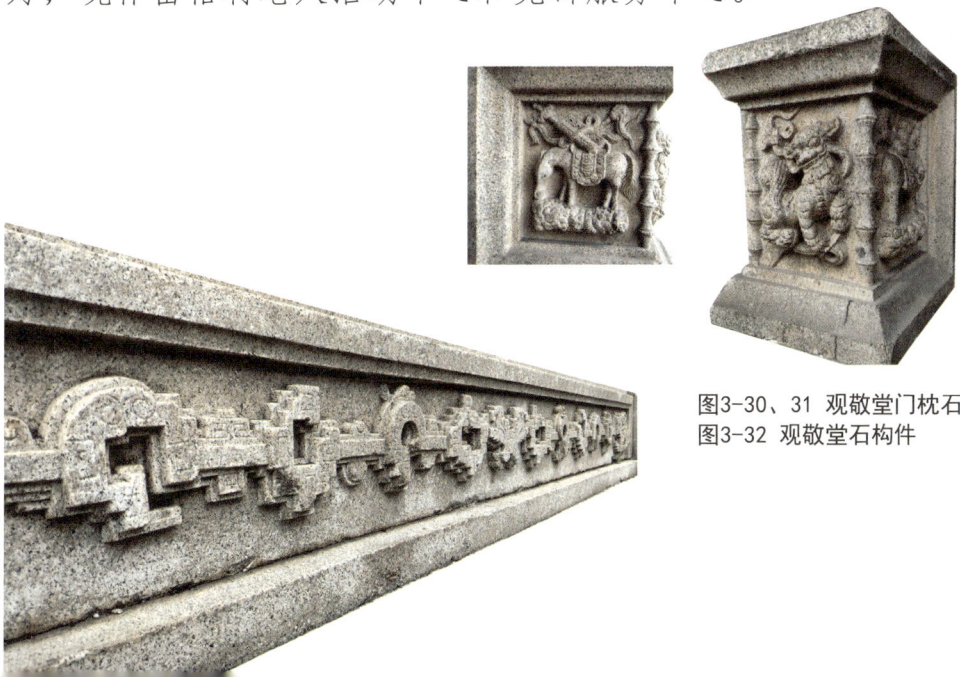

图3-30、31 观敬堂门枕石
图3-32 观敬堂石构件

图3-33 观敬堂

图3-34 连氏古墓群，市级文物保护单位，连氏族人慎终追远之源

古墓：

连氏始祖古墓：沙富在连氏大山有一座连氏始祖古墓，始建于明代，清道光十八年（1838年）重修，至今保存良好，属佛山市文物保护单位。该古墓呈交椅形状，由白麻石砌成，坐南向北，共三层，为连氏始祖连芝涧与德配陶氏、二世连振云与德配梁氏、三世连长安与德配邹氏的合葬墓。墓群上、左、右共排列有17个旗杆石，刻有文字。

1. 咸丰丙辰（1856年）补行乙卯科副贡。

2. 同治庚午（1870年）科乡试中式第七十一名举人。

3. 光绪丙子（1876年）科乡试中式第九名。

4. 光绪廿七年辛丑（1901年）科补庚子科恩科乡试中式第九十五名。

5. 道光十五年（1835年）第二十六名举人。

6. 光绪廿七年辛丑（1901年）科并补庚子恩科乡试中式第九十三名举人。

7. 道光十五年乙未（1835年）恩科乡试中式第二十六名举人连钟阳立。

8. 光绪丙子科（1876年）。

9. 光绪丙子（1876年）科乡试中式第九名副贡。

10. 道光十五年（1835年）乙未恩科乡试中式第二十六名举人连钟阳立。

11. 乙丑恩科乡试中式第三十。

12. 乙丑恩科乡试中式第三十。

以上为刻有文字的12个旗杆石。此墓群规模为顺德墓葬所罕见，可以看出当时连氏族人对先祖的尊重和后辈奋进不息的历史。透过祖墓边林立的旗杆石，可让后人真切体会到

图3-35 连氏祖墓旗杆石

连氏先祖曾经如此显赫。再加上祠堂中的祭祀、族谱里对祖先铭业的光辉记录，现实中的奖励，无不能激起子孙后辈对祖先的追思，对先辈功业的自豪感，亦势必会激发整个家族的后代为延续先祖的名誉、地位、荣光而付出更多的努力。这或许就是沙富连氏一族明清两代科举人才辈出的原因之一，也就能解释马村刘氏先祖为何要耗费大量钱财买回旗杆夹石立在祠堂前的缘由。

沙富连氏古墓的形成及保留至今，缘于古人认为这一带山丘状若交椅，可令先祖灵魂安妥宁静，再加上绿树成荫，群鸟安栖，足令后代繁荣昌盛。

西汉古墓：1963年，在三台岗发现一座西汉晚期墓葬，出土鼎、壶、簋、五联罐、四耳罐、温酒器等十多件陶器。1976年，在此处又发现一座毁坏的东汉墓。出土有印纹陶罐、井圈、熏炉等。此后，又陆续发现多座汉墓，出土陶罐、陶匜、小盂、陶盒、杯、碗、网坠、铜镜等文物。从文物中可以见出当时人们久居此地宁静有序且不失富足讲究的生活。

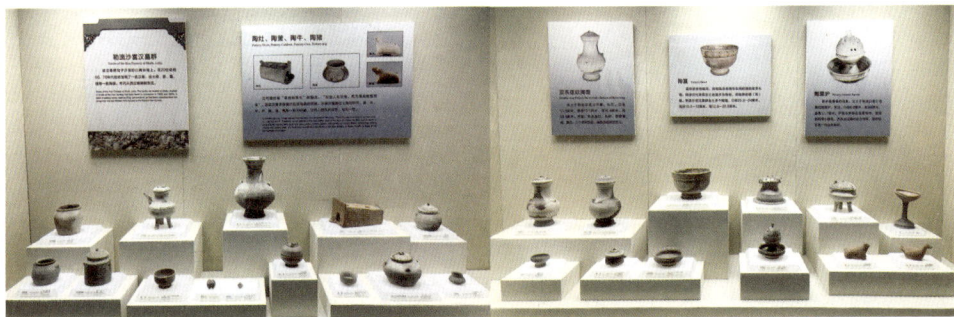

图3-36 沙富古墓群出土文物

东汉古墓：1973—1978年，在凤嘴岗、依绿岗、簝笃等小山岗先后发现13座东汉墓，出土盒、魁、三足釜、卮、碗、灯、灶、陶网坠、陶纺轮、动物俑。动物俑包括牛、羊、鸡、鸭，作昂首跪伏状。其中十三号墓为一座砖室墓。平面呈十字形，由甬道、前室、南北耳室、馆室五部分构成。出土文物27件，包括壶、豆、双耳罐、无耳罐、小盂、小釜、篮、熏炉、井等。以上皆用红色软陶制成。从文物中可见出富裕村一带乡民愈发精致讲究的生活和豢养禽畜的历史。

旗杆夹石：旗杆夹石必放祠堂前，两两相对。祠堂，不仅为祭先祖，追祖德，报宗功，还承担着繁重的教化任务，所谓"光前裕后""垂范后昆"。沙富连氏一族，祠堂众多，旗杆夹石多存放在祖墓旁。

图3-37 连氏五世祠对开旗杆夹石

贝丘遗址：1961年5月，在沙富蚌岗一带发现顺德第二个贝丘遗址。其中有绳纹、方格纹夹砂陶釜残片、泥质方格纹陶罐残片、河蚌蚬壳等。经广东省考古专家杨式挺先生鉴

图3-38 透过石碑模糊字迹，仍可知贝丘遗址的发现经过

定为汉代遗址。现为区级文物保护单位。由此足见富裕村悠久的历史。

寺庙：

沙富武当宫（北帝庙）：始建于明末，大跃进期间拆毁，1986年易地重建，庙前水池有蛇龟合体塑像。刻有对联"一代英豪二将随征三尺龙泉消除四方妖鬼；八面威风九霄称帝十室崇祀挽救千万苍生。"

图3-39 沙富武当宫，俗称"北帝庙"

图3-40 大凤岗公园，亦是沙富道观所在地

天后宫：始建于明代，大跃进期间拆毁，1990年重建。

沙富道观：位于大凤岗公园内。左为墓园，右为道场，大凤岗公园内尚存西汉古墓及贝丘遗址。大凤岗公园后花园左侧上山岗称"大岗顶"，左侧下山岗名"凤嘴岗"，右侧为衣禄岗，三处合称"大凤岗"。大凤岗对面山岗即三台岗，2002年建成沙富道观，中国佛教协会会长赵朴初题名"沙富道观"。沙富道观是顺德目前唯一的一家道观。据富裕村长者介绍，顺德民间信俗"观音开库"，除龙江、容桂有盛大庆典外，沙富道观也有"观音开库"活动，与龙江、容桂在夜间举行庆典所不同的是，沙富道观的"观音开库"在农历正月二十六白天举行，送出的是支票、茶叶和米。

第六节　乡人著述

富裕村连、苏、吕、陈等姓氏，皆著族谱。上至家族的兴起、繁衍、分派、迁徙，下到宗族的分支祠堂和宗庙、家规家训、历代英贤、诗文著作，族谱上记载清晰，上下千百年，族谱包罗宗族的几乎所有大小事件和人物。

家谱素有"记录先世，弘扬家史""敦亲睦族、凝聚血亲""敬宗收族，尊亲""敬宗收族，尊亲扬孝"等功能。富裕村各姓氏现存族谱，对宗族开村始祖、功名人物等多有记载，如西村苏氏族谱，对于先祖从南雄珠玑巷南迁经历，记录详尽。石涌吕氏，将始祖溯源至炎帝之裔，本姓姜。沙富连氏，亦将始祖追溯到公元前，以齐大夫连称为大始祖，发源地溯源至山东，成为追溯历史的重要线索。

1.《苏氏家谱》：西村苏氏永安堂著

据永安堂《苏氏家谱》记载，苏氏始祖宋宣议大夫苏汝瑛，于南宋开禧元年（1205年）迁入西村。

据家谱介绍，南宋咸淳六年（1270年），度宗皇帝携国舅胡显祖及丞相贾似道到太庙，遇上

图3-41 苏氏族谱

大风大雨淹留至日暮。胡国舅启禀，已准备小辇可先护送皇帝回宫。贾似道乘机挑拨发难，诬告胡国舅，指胡国舅包藏祸心，恐在回程设险。皇帝偏信谗言，当即削去胡国舅爵位并贬出朝堂，胡妃亦连带被贬出宫。胡妃万念俱灰，跑到海边准备投河自尽。恰遇始兴梁牛田村大商贾黄贮万，力劝胡妃不可轻生，承诺带她离开京城，回广东南雄。后来，黄贮万的管家陈根九，贪财勒索黄贮万不成，怀恨在心，告密说黄贮万窝藏胡妃，皇帝得知，立派遣兵将到南雄珠玑巷大面积搜捕，史称"胡妃之乱"。为免惹祸上身，南雄珠玑巷各姓人纷纷逃亡。西村苏氏始祖苏汝瑛便和罗贵祖等38姓97人借竹排顺江而下。现西村村头闸门之"珠玑耀尾"的对联"迎逢远近逍遥过，进退连还道达通"，各字偏旁都是"撑艇边"，就是为纪念苏氏先祖从水路借竹排顺江而下到西村开枝散叶的历史。

众人来到横岗湾，因遇雷雨暴风，将连在一起的竹排打散，一些人落脚三水。罗贵祖在大良北门上岸定居开族。苏家兄弟二人，兄长宣议大夫苏汝瑛在勒流西村上岸，成为西村苏氏始祖；弟弟苏汝湘，在杏坛西梓定居。随后，两兄弟各自繁衍生息，开枝散叶。西村大太公苏汝瑛，号逸菊公，字罗昇，有子五人，长子南安公迁居广西郁林州（今广西玉林市），三子南镇公、五子南江公，迁往西村附近的南水乡，二子南舒公迁往碧江社根坊，留四子龙居公世居西村启族。随后世代繁衍，南水乡苏氏更繁衍出大书画家苏六朋，碧江乡苏氏则培育出苏珥、苏葵等文化名家。

苏氏开村至今，可考证的有清代中举两人：苏自元、苏兆元。

2.《世代源流远》（刘氏族谱）：马村刘氏族人著

据刘氏族谱记载，始祖肇兴、肇熙公兄弟二人，于明初到广东广州府，后肇兴公辗转迁入顺德县江村司东涌都石涌堡马村乡，成为马村刘姓开村始祖；肇熙公则迁徙至香山县山溪阁开枝创业。

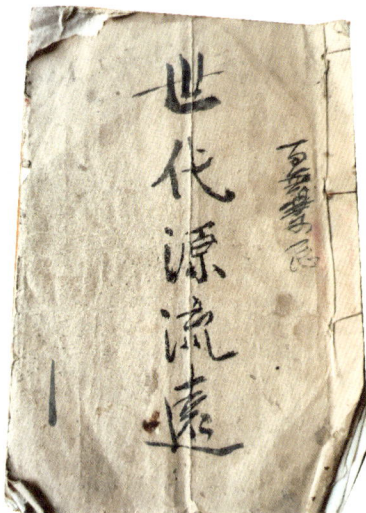
图3-42 刘氏族谱，比纸张更沧桑久远的是刘氏一族的历史

3.《连氏东窗房梅轩祖系族谱》：沙富村连氏族人著

据《连氏东窗房梅轩祖系族谱》记载，连氏始祖为芝涧公，湖北德安人，宋高宗（1107—1187年）时累迁至广东转运使，后定居石涌堡连村。至四世祖东窗公由连村迁至沙富村。连氏一族，起源于山西上党。秦代置上党郡，所在地

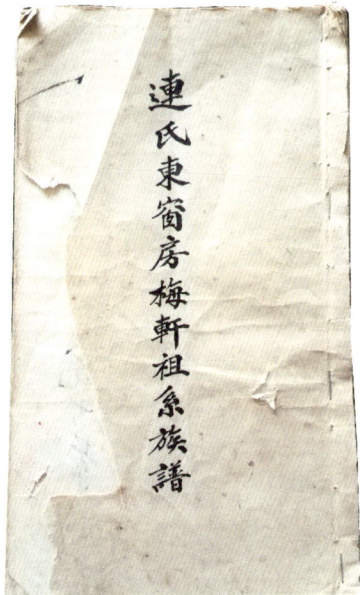
图3-43 沙富连氏族谱

为今山西沁水以东地区。《郡望百家姓》和《姓氏考略》中有记载，连氏望出上党郡。至今，连村连氏已全部迁出，沙富成为顺德连氏一族的集聚地，全村有连姓人五六百人。顺德其他镇街的连姓人，多由沙富迁出分支。一般大户人家，大多迁到大良，如原顺德人民医院后门，就有沙富连氏人集居的北门"连地"，并建有"明阳祠"，更培育出连作霖、连燊等知名人物。

至今，沙富村一经堂内翻新的"广东顺德连氏简系"，红底黑字，鲜艳夺目，连氏一族的发展脉络清晰而生动，让人看到生命的生生不息和家族的发展壮大；旁边的"连氏祖训"，坚劲清晰，可知家训对族人激励与规范的深远作用。

4.《陈光裕堂家谱存志》：石涌村陈氏光裕堂

据民国十八年（1929年）《陈光裕堂家谱存志》记载，石涌村陈氏自宋代由马齐乡迁入，至清嘉庆十七年（1812年）族人倡议建祠奉祀，立积厚堂，建祠于石涌村东元坊，以昌隆公为始祖，繁衍至今，已经传至二十二代。

图3-44 《陈光裕堂家谱存志》

5.《吕氏族谱》：石涌村吕氏族人著

《吕氏族谱》，开篇为族约十一条，即敦孝弟、崇雍睦、严祭祀、正闺阁、联族属、睦间里、安职业、务勤俭、戒淫侈、惩骄吝、谨交游，从安身立命、齐家立业、交游联谊等方面，对族人提出要求，并明令执行。数

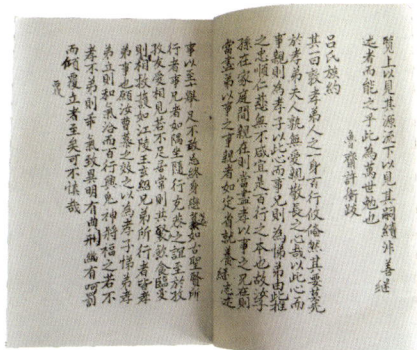

图3-45 《吕氏族谱》

百年来，吕氏族人，以族规族约修身立品，纵无公侯将相，却在石涌乡间礼义传家，使吕氏一族的清白家风代代传承。

吕氏另一支相传为西汉南越丞相吕嘉后代。

6.《杜氏家谱》：石涌村杜氏族人著

据《杜氏家谱》记载，石涌杜氏，始祖泰华公，原籍浙江台州府黄岩县，授予广东招讨副使，因宋末崖门兵败，辗转到石涌定居开族，代代繁衍。

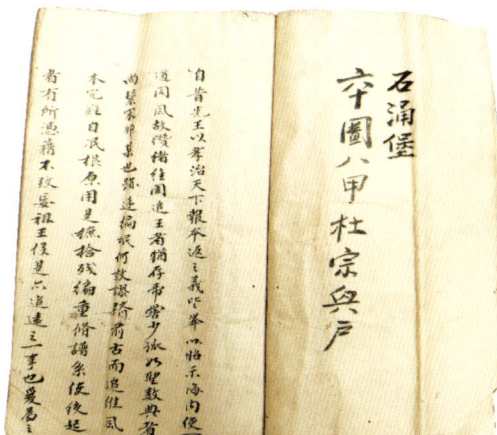

图3-46 《杜氏家谱》

7.《吴氏家谱》：石涌村镇西社吴氏族人著

《吴氏族谱》有新旧两版，旧版破旧不全，新版编于2012年，家谱所载，始于清光绪年间，至今六传。

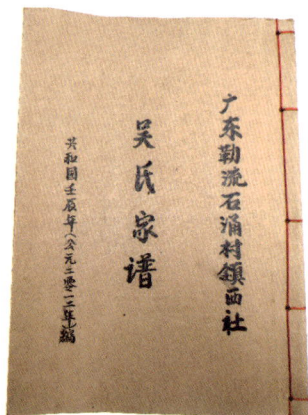

图3-47 《吴氏家谱》

第七节　文化盛事

石涌、沙富、西村、马村人自古春耕秋耘，民风淳朴，重视文化与风俗传承，亦致力于文化设施建设。

1965年5月1日，勒流公社在石涌岗举行3000人登山运动，更进行投弹、射击比赛。

为弘扬尊老敬老传统美德，富裕村自1998年起每年举办敬老活动，凡村中60岁以上老人，可免费参与聚餐，当晚还有晚会节目表演，与众同乐，欢乐喜庆。至2019年，已连续举办22届。

2000年，石涌建成康乐中心。此后每年农历九月十九日，石涌均举办老人节庆典。

2005年，新建富裕老人中心。

2009年，《富裕通讯》创刊。

2010年9月29日，富裕村"篮球之家"挂牌落户。

图3-48 富裕村敬老活动

图3-49 沙富文化娱乐中心，整洁干净

2011年，为丰富村中学子假期生活，富裕村开办青少年暑期兴趣班，内容包括书法、剪纸、花式跳绳等。

2011年起，富裕村实施奖教奖学制度，对优秀应届大学毕业生给予一次性800元的奖励。

2014年1月，位于老人活动中心二楼的富裕图书室正式对外开放，面积约160平方米，藏书约5000册。

至2015年，各村逐步完善文体设施。沙富村建有环境优美的沙富公园、羽毛球场、乒乓球场、篮球场、沙富文化中心、富裕老人活动中心，还建有富裕图书室。西村建有西村公园、村委会篮球场、西村羽毛球场、乒乓球场，还有村民活动中心贤乐楼、马村酒棚。石涌村建有石涌篮球场、羽毛球场、乒乓球场及石涌公园、石涌康乐中心。

2018年起，富裕村将各小组举办的灯酒活动串联打造"岭南富裕灯酒节"，从正月十一至正月十六，各小组陆续举办"投花灯、饮灯酒"活动。

图3-50 富裕图书室，书香袅袅

图3-51 西村公园，整洁干净

第八节　风俗民情

清咸丰版《顺德县志》载，石涌堡"俗质而未漓。农多于商，民有秀者。"富裕村民风淳朴，至今除与顺德其他乡村一样保留传统岭南特色的生产生活、婚姻嫁娶、生育丧葬等习俗外，还留存充满本村特色的西村天后庙诞、马村医灵诞、各小组春节庆灯酒、清明拜太公山等传统习俗，既赓续传统祭拜祈福仪式，又融入新时代睦亲友邻的功能，成为当下村中盛会。

一、生活习俗

饮食

富裕村河涌交错，村人自古春耕秋收，饭稻羹鱼。平常以米饭为主食，正餐（午、晚两顿）多吃干饭；早餐以粥品、糕饼为主，体力劳动者吃干饭。改革开放以来，经济渐盛和社交日多，不少青壮年也常吃夜宵。夜宵多由茶庄、粥品店、甜品店和街档经营，品种有烧烤、点心、生滚粥、炒河粉、云吞面、双皮奶、糖水等。

20世纪80年代以前，经济尚不发达，普通人家菜肴多为瓜菜、豆腐、咸鱼、头菜、冲菜、榄角、腐乳等。80年代以后，因基塘种养模式普遍，经济渐佳，富裕村人尤爱吃鱼、虾、蟹等河鲜，还有蚕蛹、禾虫，尤擅烹饪河鲜、海鲜，小炒菜式也精妙，充分体现粤菜鲜、嫩、爽、滑、香的特色。传统菜式主要有水鱼三味（即清炖甲裙，红烧头、尾、脚爪，生炒肉）、清蒸鲩鱼、豉汁蒸鱼嘴、六味烩黄鳝、瓦钵禾虫、乌醋浸扁鱼、大内田鸡、褪骨纹鳝、炒水蛇片、鱼生、煎酿鲮鱼等。

炊事燃料，历史上以木柴、桑枝、蔗壳、禾草为主。中华人民共和国成立后部分以蜂窝煤取代。90年代后，村人多用石油气和电炊具。饮用水过去以井水和河水为主，1993年，富裕村通自来水，村人改为饮用自来水。

二、村中古俗

1.西村观音庙诞

相传天后（妈祖）是渔民的守护神，生前是宋代福建莆田县林愿的最小女儿林默娘。自小精确预测天气，能抚平波涛，还能庇佑渔民免受沉船危难。西村河涌交错，村人信奉天后神力。妈祖熟习水性，终生不嫁，矢志不渝，行善济人，历代皇帝先后对其褒封三十六次，康熙皇帝下诏封其为"天后"，并立庙供奉，以祈求她能保佑人们水上生产平安顺贞。

每年农历三月二十三日天后诞，西村村民准备好酒肉香烛等祭品，到天后宫祭祀天后娘娘。天后宫内，香火鼎盛。

自1996年重建天后宫以来，因庙同时供奉天后及观音两

图3-52 西村庙诞

位神灵，每年农历十一月十九日观音尾诞，村人手持香烛生果，虔诚礼拜，共祈国泰民安，万事如意。是日中午，将天后宫行宫里的小观音像放入轿中，前面一人敲打马锣开路，后面两人恭抬观音，燃放鞭炮，绕村巡游，俗称"行宫出游"，寓意行宫所到处，村旺家兴，人寿年丰。是日傍晚，村委会前面的大片球场空地，举行大型庆典，大排筵席，一般有三四百围，每席费用由村民出一部分，其余由上一年度投花炮的集资费用及天后宫负责。因天后宫香油钱多由本村企业捐赠，或有善信添筹，意为"观音宴客，人人有份"。筵席多是通过投标排位，邀请附近连村或龙江的民间厨师入村料理。每年的观音庙诞，欢乐喜庆，成为村人睦亲友邻的纽带，也成为外出村民一年一度念乡思归的最佳理由。遇上特别喜庆的年份，观音庙诞还会连续三晚演出粤剧，将观音行宫恭放舞台一角，称"行宫看戏"，别具人间意趣。

2.观音诞解读

观音诞，汉族民间信仰节日，也可解释为观音菩萨得道日、观音菩萨成道日。女相观音约始于南北朝时期，盛于唐代及以后。汉族民间妇女则最崇拜"送子观音"，凡祈求生育的妇女多对其焚香燃烛。汉族民间庆祝观音诞的日子有多个：农历二月十九日是观音的生日，农历六月十九日是观音出家之日，农历九月十九日是观音成佛之日。观音诞期一年有四个，分别为农历二月十九、农历六月十九、农历九月十九、农历十一月十九，西村尤以尾诞（即农历十一月十九日）为重。

农历二月十九日是观音菩萨的诞期，又称"观音开库"，意为这一天观音会将福气等借出去，保佑信众子民们所要所求之事能达成心愿，到九月诞期或年尾时需还愿。是日，各大供奉观音的寺庵都举行隆重活动。观音诞当天，县内各乡男女集于一处，此会名曰"生菜会"。"生菜"与"生财"读音相同。赴会者多购生菜归，以为生财吉兆。顺德境内，尤以容桂、龙江、勒流等镇最为隆重。

汉族民间认为，观音能保护产育并能送子，旧时妇女最

图3-53 西村观音诞盛况，筵开数百席

重要的大事是生育后代。因而，送子观音是旧时妇女，尤其是那些难孕难育妇女的吉祥神。

乡间村民认为，小孩能平安长大，有赖神明保佑。因此，观音诞当日，村民到观音庙向观音祈求护身符，或让儿童上认观音为干娘，希望观音菩萨保护儿童"快高长大"（粤语，快点长高长大，是长辈对孩子的祝福语言）。此习俗不仅适用于祈求观音保护，也适用于祈求其他神明护佑的场合。有些孩子，可能将不止一个神明认作干爹或者干娘，这也是富裕村一个神庙里同时供奉多位神灵的原因。

顺德乡间一些香火旺盛的观音庙，如西村观音庙，会在观音诞当日演戏酬神，一些佛教庙宇则会举办素宴。

3.马村庆灯与医灵庙诞

马村传统风俗有庆灯和医灵庙诞。农历三月十五日医灵诞，正月十六日庆灯酒，均已成村中固定俗例，村民全体参与，也会邀请外嫁女及亲戚朋友参加。

庆灯：正月十六日前，上年生子人家在祠堂或村庙悬挂以树仔头制作的简朴花灯，称"丁灯"。他们选取形态较好的树头，剪去浮枝和叶片，将彩色纸花错落扎在枝上，树头正中盛放一个小油碗，插灯芯燃点。正月十六日晚，在医灵庙前大片空地大排筵席，摆"灯酒"宴请亲友及街坊邻里，宣示添丁，获得宗族承认，将新生儿名字载入族谱，称"开灯"。至今，除马村外，沙富、石涌村仍保留有"庆灯酒"习俗，且规模越来越大，为村中盛会。

医灵庙诞：每年农历三月十五日，为医灵诞。村民持香烛水果等到医灵庙内向医灵公虔诚礼拜，祈求神灵庇佑顺风顺水、国泰民安、拯危解疾、驱除百病。当晚，还会像庆灯酒一样邀请外乡厨师队入村置办酒席，村民可缴纳一定酒席钱认领酒席，宴客酬宾。

医灵诞解读：医灵公，即吴真人（979—1036年），为北宋名医，本姓吴名本（tāo，音滔），字华基，号云冲，福建同安县白礁村（今属龙海市角美镇）人。吴本生而颖异，年十七，从师学道，苦学岐黄，精通医术，为人治病，虽沉疴奇症，到手即愈，他医德高尚，不索酬谢。宋时闽南多次瘟疫流行，吴本率徒奔走，救治无数，时人誉为"华佗

图3-54 马村医灵诞

再世，救治万民"。

宋景祐三年（1036年）五月初二日，吴本上山采药，不慎坠崖，伤重仙逝，闻者追悼感泣，闽南父老感其医德，私谥为"医灵真人"，自发在其故乡白礁村建龙湫庵，塑像庵中，祭奠奉祀，香火鼎盛，历久不衰。宋高宗感念其曾治愈仁宗母后痛疾，于宋绍兴二十年（1150年）下诏拨库银将龙湫庵改建为医灵神祠。后更加赐吴本"忠显侯""妙道真君"等封号。明成祖朱棣敕封吴本为"昊天医灵妙惠真君万寿无极保生大帝"。此后，吴真人加十几次封号，最后为"保生大帝"，后此风传入珠三角，人们奉其为医灵公。现马村乡间，仍流传其众多传说。

4. 富裕灯酒

正月庆灯（饮灯酒）：顺德习俗，年初六，始庆灯；年十六，即散灯。富裕村各社坊，自正月十一起至正月十六，轮流举办庆灯酒，是日晚，大排筵席，村民到所属社坊饮庆灯酒，全村父老乡亲欢聚一堂，开怀畅饮。

富裕村也有"开灯"的习俗，但开灯开男不开女，凡当年有男丁出生的家庭，次年正月初八至正月十六之间，可到所属社坊挂灯，禀告掌管土地社稷的土地神，家中有男丁出生。

饮灯酒解读："饮灯酒"原意是为庆添丁所设喜宴。广东多地均有此习俗，而在顺德保留得颇为完整。明末清初，顺德的"饮灯酒"开始流行于民间，并在每年正月初六至元宵节期间举行。在过去一年中添丁的家庭，于农历正月初六开始挂灯，在家中挂一盏，"社公"（土地庙）挂一盏，总祠堂、二祠（分祠堂）、三祠（支祠堂）……各挂一盏。有钱人家挂玻璃纸糊的大型走马灯，穷苦人家则悬树头灯。花灯上贴红纸一张，上面填写新添男孩姓名，第几世孙字样。古代，"灯"与"丁"谐音，故灯一挂出，意味新丁入族。

以往，饮灯酒多为宗族喜庆大事，添丁人家拿出姜、蛋。其数量足够每个同族兄弟至少分到一只红鸡蛋和一些酸姜拜"太公"。而"太公"则以宗族公有土地所收地租的资金请子孙后代中的所有男丁宴饮，分猪肉与姜蛋，并赠一封大红包给新丁，以示祝贺。

图3-55 2018年岭南富裕灯酒节

是日，祠堂内外，从正厅、横厅，到门前空地，摆满酒席，每桌罗列十多款菜肴，菜肴式样和命名都与添丁喜庆相关。

在农村，由于家具所限，人们因陋就简，就地取材，借养蚕用的大圆窝箕权充桌面，暗喻"大窝大斗，人丁兴旺"之意，置于地上，赴宴者或坐矮凳或蹲，吃时猜拳行令，热闹非凡。

现在，富裕村的"饮灯酒"还设"投灯"活动，寓意来年人丁兴旺，好运连连。制作好的花灯，冠以吉祥名称，如"生意兴隆""添丁发财""一帆风顺""风生水起"等，由乡亲竞投。所有收入用于村里下一年"饮灯酒"及修桥架路、扶贫济困等公益慈善事业支出。

时至今日，"饮灯酒"由以前只为庆祝添丁转变为顺德人对传统文化的怀念和注重亲情友情聚会的一种情结。除本族人外，也会宴请亲朋戚友，祠堂里、球场中、空地上，张灯结彩，数百桌灯酒在并不宽广的空间里挤出浓浓喜庆气氛，乡人喻其为乡间"春茗"。

"庆灯酒"融传统观念与现代气息于一体，为古村增添新村佳节气氛，这种承载古老传统风俗和寄寓人们对美好生活向往的民间活动，拉近现代人的距离。充满喜庆气氛的灯酒会散发出蓬勃的生命力，演绎出更具传统韵味的乡村文化气息。

5. 沙富风俗

庆"乞巧"：据连氏族中长老介绍，清代至中华人民共和国成立初期，村中梳起不嫁的"姑婆"（自梳女）或远赴香港、澳门等地打工，或留在村中缫丝厂作缫丝女工，皆自力更生，不仰仗男人。每年农历七月初七，留在村中梳起不嫁的"姑婆"，会在五世祠门口自发集资组织庆祝活动，祠堂门口贴上对联：天上会双星，月朗牛郎耕绿野；人间逢七夕，夜深织女渡银河。场面热闹非凡。

拜太公山：自古以来，沙富连氏尤重祭祖，俗称"拜太公"。除清明墓祭外，春分、夏至、秋分和冬至，例必在祠堂举行春、夏、秋、冬四祭。但清中叶以后，夏祭渐渐淡化，以清明墓祭兼代。每祭，连氏族人必刑牲献醴，鸣钟击磬，合族跪叩，仪式隆重。祠堂的祭祖仪式，相当神圣。每次祭祖，实是重复演示对祖宗的尊重，传递着尊祖、融穆、孝悌的信念。祭礼中，后辈耳濡目染，无形教化，族人也感受"如木同根""如水同源"的亲情，进一步加强族人的团结和归属感。发展至今，每年清明节后数天，连氏宗亲结伴抬烧猪到沙富连氏古墓拜祭"太公山"。当天，由本村连氏族人集资，举行大型的宗亲联谊晚宴。此习俗连续多年，成为一年一度连氏寻根问祖，联宗结谊的族中盛事。

"贺龙舟"：沙富村毗邻龙眼村，各地到龙眼太尉庙点睛的龙舟，需经沙富大涌才到龙眼。每年五月初三，对于途经龙舟，沙富村例必给予红包、酒水、水果等，主客皆大欢喜。2018年，沙富制成新龙舟一只，取名"武当宫"，到龙眼点睛后，绕村游龙，散发喜气，福佑全村。

图3-56 沙富"武当宫"

图3-57 沙富"武当宫"龙舟

第四章　农商并重 多元发展

第一节　农　业

石涌、沙富、西村、马村，自古属平原水网地带，农业得天时地利。据出土的贝丘遗址推断，富裕村一带至少2000多年前已有渔猎。石涌（即今石冲）、沙浦（即今沙富）自西汉开村，已有农耕。宋代，开始围垦造田，种稻养鱼，栽植果木和桑树。其后，结合兴修水利，塞堑为塘，叠土成基，兴起基塘农业。明代前期，石涌堡一带以果基鱼塘为主；明嘉靖年间（1522—1566年），国内外市场对蚕丝需求增长，顺德蚕桑业迅速崛起，桑基鱼塘的生产结构日益发展，基地种桑，桑叶养蚕，蚕沙（粪便）养鱼，塘泥用作桑基肥料，形成良性循环的人工生态系统。清乾隆至光绪年间（1736—1908年），顺德两度掀起"挖田为塘，废稻树桑"的高潮。清中后期至民国初期，石涌、沙富、西村、马村一带，均为经济作物区，盛产塘鱼、蚕桑和蚕丝。

20世纪30年代初，在世界性经济危机的冲击下，桑蚕业衰落。顺德引进良种蔗种植。石涌、沙富、西村、马村大量桑基改植甘蔗，部分改植香蕉、大蕉，还种植瓜菜、水稻及其他旱粮，形成蔗基鱼塘、桑基鱼塘、菜基鱼塘和稻田并存的生产结构。抗日战争期间，农业遭受严重破坏，商品性、专业性生产和经济效益大幅度下降。抗战胜利后，农业生产恢复缓慢。

中华人民共和国成立初期，通过土地改革，实现耕者有其田，全村经济迅速好转，稻、蔗、桑、果、鱼均衡发展。20世纪50年代中期至1978年，按国家经济计划安排农田种植和养殖。1979年开始改革农村经济，实行计划管理与市场调节相结合政策，农民拥有生产自主权。80年代，随着市场经济的发展，取消蚕、塘鱼及各项农副产品上调任务，农民可自由种植，加上各级农业服务公司，提供技术、种苗、资金和产品收购、加工等产前、产中、产后服务，富裕村农业生产发展大幅提升。

此外，村委会更积极调整农业生产结构，发挥基塘农业传统优势：一是将农业从种植业为主逐步向养殖业转移，鼓励农户多养殖水产品，并逐步由养殖四大家鱼向养殖高值鱼，如生鱼、鲈鱼、黄骨鱼等转变，使养殖业成为农业的支柱产业；二是引导农户从种植粮、蔗、桑为主转向种植经济效益高的水果、蔬菜、花卉等经济作物；三是通过引进改造，使农业种养品种从传统的低质、低值向优质、高值转移；四是经营形式从以分散为主逐步向规模经营转移，推行股份制、租赁制、合作制、联合制、转让制等经营形式，使土地、鱼塘向种养能手集中。

与此同时，推行"贸工农"方针，建立创汇型农业，发展专业户、农业生产企业和生产基地，由粗放型经营转向集约化经营，提高农业的商品化、专业化水平。至2013年，全村基塘面积约500亩，农业收入约1990万元。农产品主要有塘鱼，包括鲮鱼、鳙鱼、草鱼、鲫鱼四大家鱼及生鱼、鲈鱼、黄骨鱼、吻鱼，以及冬瓜、黄瓜、豆角、茄瓜及生菜、菜心等蔬菜。此外，连村部分农户在富裕村租赁基地，种植桃花。

一、蚕桑种养历史长

顺德种桑养蚕由来已久。早在宋代，龙江堡龙首村和龙山堡沙富村已兴起桑蚕种养业。宋代修筑的桑园围，围内包括现龙江、龙山、勒流、乐从等区域，当时均为蚕桑业地区。

明代中叶，澳门成为中外贸易场所，国际对蚕丝和丝织品的需求急剧增长，有力推动顺德桑蚕生产迅速发展，种植规模不断扩大，龙江、乐从、勒流、杏坛等地更成为顺德桑蚕主要产区。

清初，朝廷厉行"海禁"，生丝出口受阻，桑蚕生产停顿。乾隆二十四年（1759年），清政府封闭沿海各港，独留广州为全国唯一对外贸易港口，外商集中广州采购生丝和丝织品，顺德得地利之先，桑蚕业再度发展。龙江、龙山一带成为专业性蚕桑生产基地，水藤、杏坛、勒流等乡堡亦"民半树桑"。同治年间（1862—1874年）兴起机器缫丝厂后，生丝质量提高，价格上升，农村再次掀起"弃田筑塘，废稻树桑"热潮。

民国初年，国际市场的生丝价格再次大幅上升，桑蚕业进一步发展，顺德各区种桑面积空前扩大，约占农田总面积的60%。20世纪20年代，顺德生丝输出量占全省80%以上。

民国十八年（1929年），世界性经济危机爆发，大批丝厂倒闭，桑蚕生产受到严重打击，大部分蚕农生产亏损，广东当局为挽救蚕丝业，发起蚕丝业复兴运动，在顺德设蚕业改良实施区，帮助蚕农改进种养技术；民国二十三年（1934年）5月26日，广东省建设厅蚕丝改良局在黄连、勒流筹建蚕丝学校，普及推广蚕桑种养，但最终未能挽回颓势，富裕村与顺德各区农村情况相同，桑地面积逐年减少。民国二十八年（1939年），日军侵占顺德，强制丝厂复工，由三井、三菱洋行低价收购蚕茧和生丝，农民出售100斤干茧仅换270斤大米，1600斤桑叶仅换100斤大米，比20年代前期100斤干茧换2000斤大米、300斤桑叶换100斤大米，分别下跌七倍半和五倍半强。蚕桑生产勉强维持至民国三十一年（1942年）。香港陷落后，日本洋行停购生丝，顺德桑蚕业全面崩溃。抗日战争胜利后，桑蚕复苏，但生产恢复缓慢，富裕村部分农户重新种桑养蚕。

中华人民共和国成立后，政府鼓励桑蚕生产。1952年，蚕茧收购价有所提升，富裕村蚕农积极性高涨，增加成本投入，单位面积产量大幅度提高。可惜一年后，蚕茧列入国家计划二类商品，收购价大幅度降低，村中不少桑基改种其他作物。至1963年，国家调高蚕茧收购价25%，并按国家牌价供应生产资料，奖售化肥、棉布，超产蚕茧50公斤奖售稻谷350公斤。农业部门更派出科技人员下乡指导桑蚕生产，富裕村基地种桑面积略有增加。

1979年改革开放以后，蚕桑生产的经济效益跟不上日新月异的形势，加上富裕村调整经济发展方向，以工业立村，招商引资办厂办企，工业废气污染桑叶，育蚕成活率下降，致使桑、蚕生产急剧滑坡，政府以指令性计划和三级补贴（公社、大队、生产队三级，每亩补157元）办法扶持，仍不能扭转局面。1985年，蚕茧降为三类计划商品，统购任务取消，村民因应市场需要，迅速调整种植结构，继续缩小桑蚕生产规模，改向效益高的种养业发展。20世纪90年代后，富裕村基本无农户再种养桑蚕。

富裕村所种桑树品种主要为青皮密节的荆桑，又称"广东桑"，具有发芽早、芽条多、桑叶生长快、再生能力强等特点，年采7—8次。1966年，勒流公社南水二队种植"伦40"41亩，明显增产增收，随即在全公社普及，富裕村亦广泛种植，勒流更成为省内外有名的桑叶高产公社。1974年，省蚕研所再与顺德农科所合作，推出杂交组合新品种"沙2×伦109"，产量略低于"伦40"，但能用种子繁殖，成本低，用工少，成活率高。此项科研成果获国家农业部奖励。70年代后期开始，顺德全面推广"沙2×伦109"。1985年后，因桑、蚕种养业大幅滑坡，良种推广工作停止。

至于家蚕，富裕村蚕农以饲养银茧蚕种居多。民国前期，多饲养属二化性的"大造"（即乌归）和属多化性的"轮月"两个品种，间养二者杂交品种"三造归"。民国十六年（1927年）后，顺德推行仲恺农业学校培育的"仲恺种"，该品种品质优良，抗病性强，深受蚕农欢迎。30年代，蚕业改良实施区第一蚕种制造场培育出成熟早、茧体大、丝质好的"碧交种"，也为蚕农所喜养。民国三十五年（1946年），曾先后试养从江苏、浙江和日本引进的"秋白""日-5新×支08""258""瀛文×华十"，以后者效益最佳。

中华人民共和国成立初期，富裕村蚕农以饲养传统的"大造""轮月"系列品种为主，少量饲养二化性"瀛文×华十"与黄茧的杂交种，试用"沙青""解放一+号"等新品种。1956—1958年，推广丝茧价高的"南农七号"；1961年起推广"南农六号"。70年代初，推广生命力较强、高产、茧丝稳定在2A级以上的"东34×苏12"。1977年起，多化性品种推广"广农三号""广农四号"代替"南农七号"；二化性品种推广"广农五号"代替"东34×苏12"。80年代初期，也有试养"两广一号""广农三号"与"广农四号"的杂交种。至80年代末，农民调整种养结构，村内几无农户养蚕。

二、四大家鱼成主打

顺德塘鱼养殖可溯源至唐代。据唐代《北户录》记载，当时南海郡的农民将鲮、鲤鱼种"蓄于池塘间，一年可供口腹也"。据明末清初屈大均《广东新语》载，唐末"黄连，吹角卖鱼"。宋代，池塘养鱼仍以鲤鱼为主，增加鲩（草）

鱼，塘鱼生产技术较前进步。明代，塘鱼生产发展较快，石涌、沙富（沙浦）、西村等村落开始规模挖塘筑堰养鱼。鳙、鲢、鲩、鲮四大家鱼逐步成为塘鱼养殖的主要品种。

清代，塘鱼养殖业进一步发展。乾隆年间（1736—1795年），顺德各乡各堡掀起"弃田筑塘，废稻树桑"的高潮。龙山堡"民舍外皆为塘"，"每岁鱼价，通以数万计"（清嘉庆《龙山乡志》）。富裕村民也涵塘养鱼，既能自食，更可销售。咸丰、同治年间（1851—1874年），以陈村为中心，北自龙津，南达碧江、古楼、鹿门、冲鹤一带，发展果木、茶叶、桑蚕、水稻生产，并利用洼地和河边浅滩挖池养鱼。黄连、勒流等地，则桑蚕种养与"涵养塘鱼"同时发展。清光绪末年（1900年后），沙富、石涌、西村、马村一带大部分已垦为桑塘。

民国初年（1912年）至民国十九年（1930年），塘鱼生产处于全盛阶段。及后，受世界性经济危机影响，塘鱼滞销，鱼塘养殖业蒙受损失。抗日战争期间，鱼价连年下跌，100斤鱼买不到50斤大米，农民被迫放弃养殖塘鱼，大量基塘荒废。

抗战胜利后，塘鱼生产稍有恢复。不久战争频发，苛捐杂税骤增，运销广州的塘鱼，规定须进入官方指定鱼市场，实行统制销售，成倍压低价格，加上通货膨胀，塘鱼养殖再度受挫。民国三十六年（1947年），严重水灾，大部分鱼塘漫顶逃逸；民国三十八年（1949年），洪涝，鱼塘再度漫顶，塘鱼产值接连减少。富裕鱼业，深受影响。

中华人民共和国成立初至1957年，塘鱼可在贸易市场自由出售，价格随行就市，农民获利丰裕，生产积极性有所提高。1958年后，塘鱼按牌价由国家收购，随后粮食紧张，饲料缺乏，塘鱼生产陷入低谷。1963年，国家调整农村经济政策，实行鱼、物挂钩，奖励交售，生产队完成派购任务后，允许到自由市场上出售，同时推行塘鱼生产管理责任制，富裕村鱼塘养殖有所恢复。

"文化大革命"期间，国家对塘鱼生产实行"一管二统三派购"政策，只有国家收购的单一渠道，价格单一。1966—1978年，每50公斤塘鱼平均收购价仅为38元，富裕鱼塘养殖业发展缓慢。

1979年以后，农村实行经济改革，国家对塘鱼生产给予优惠政策和灵活措施，更开放塘鱼市场价格；1982年，广东省在勒流镇开展"万亩鱼塘高产连片试验"。1985年起，取消塘鱼上调任务，在生产体制上，由专业户实行承包经营，富裕村塘鱼生产发展迅速。80年代中后期起，为适应市场需要，富裕村调整塘鱼养殖结构，从原来以饲养四大家鱼为主转向优质高产鱼类为主，并实行科学饲养，集约化经营，产量和收益大幅度增长。此后，塘鱼养殖收入一直是村农业收入的首位。

2005年11月，富裕村全面整治村内基塘。现有鱼塘约70个，并对基塘进行发包承包，有效促进养殖业进一步规模化规范化发展。

20世纪80年代以前，富裕村农民以养殖传统的草鱼（俗称"鲩鱼")、鲢鱼(俗称"扁鱼""苏鱼")、鳙鱼(俗称"大头鱼")、鲮鱼　　统称"四大家鱼"为主,也有杂养青鱼(俗称"黑鲩")、鳊鱼(俗称"沙苏")、胡子鲶(俗称"塘虱")、乌鳢(俗称"生鱼")等。主要养殖方式为购买鱼花(鱼苗),以饲料、草料等喂养为主。1958年以前,鱼花主要从南海九江和西江上游的肇庆、德庆、云浮六都、郁南都城、封开江口、广西的梧州、藤县等地购入,此外,还在主要河道装捞鱼花作补充,但在河涌装捞鱼花受天时地利制约,耗费人力物力。

1958年1月,原属广东省水产养殖公司的顺德勒流鱼苗场和顺德江尾鱼苗场,合并组建顺德县鱼苗场,址设勒流隔海沙,下设勒流、伦教、沙滘藤东和新隆、杏坛东村和南华、均安上村和沙涌等分场。是年12月,各分场由所在地人民公社接管,各公社在131个大队设立鱼苗组,富裕村塘鱼养殖户可在本大队鱼苗组就近购买鱼花。

随后,在省技术部门指导下,顺德鱼花人工孵化和鱼苗培育起步发展。1959年,勒流鱼苗场突破鲢、鳙人工孵化关;1960年,伦教鱼苗场人工孵化鲩鱼成功;1961年,杏坛鱼苗场和龙江鱼苗场分别人工孵化鲮鱼和黑鲩(青鱼)成功。此后,鱼花人工繁殖技术迅速向全县推广,结束了天然河道装捞和从外地购入鱼花的历史。

1975年,县水产试验场改为县水产研究所,与各公社、大队鱼苗场(组)联手合作,进一步提高科学繁育水平。此后,全县鱼花孵化除满足本县需求外,还大量外销省内各地及广西、福建、江西、湖南、四川、云南等省区。

塘鱼养殖向来是富裕村基塘农业的重要组成部分。中华人民共和国成立后，随着农业多种经营和农副产品加工业发展，形成以鱼塘养鱼业为主，种植业、畜禽饲养业、农副产品加工业综合利用的复合人工生态系统。种植业为农副产品加工提供原料，农副产品加工为塘鱼和畜禽提供饲料，畜禽粪便和残饵、菜叶也可用作鱼饲料，而塘泥又是农作物的优质肥料。富裕村的综合养鱼方式，主要有如下几种：

1. 鱼—桑—蚕—鱼

即桑基鱼塘生产方式。是蚕桑鼎盛时期富裕村最普遍的塘鱼养殖方式。塘鱼的残饵、粪便沉入池底，与淤泥混合，用作桑树肥料，桑叶用以养蚕，蚕沙（粪）、蚕蛹用作喂鱼和增肥池水，循环利用，塘鱼、桑蚕均获较高收成。

2. 鱼—蔗—鱼

即蔗基鱼塘生产方式。始于20世纪30年代初，丝业颓败时起。塘鱼残饵和粪便等有机物沉积池底，形成肥沃的淤泥，将淤泥用作蔗苗肥料，蔗叶再作塘鱼的饲料或肥料。富裕村就一直以此作主要耕塘模式。

3. 鱼—菜—鱼

即菜基鱼塘生产方式。是现富裕村主要的基塘养殖方式。利用肥沃的塘泥作蔬菜肥料，将蔬菜残叶、菜头用作塘鱼青饲料或肥料。

4. 鱼—畜—鱼

该方式始于明代，养鱼户多在池塘边建猪舍、牛舍，将猪、牛粪便和残食用作养鱼饲料及肥料。20世纪80年代以前曾盛行，现因环境原因，富裕村已无人再养殖猪、牛。

5. 鱼—禽—鱼

从古到今，养禽（鸡、鸭、鹅）户多在鱼塘边或塘面上搭棚，并在池坡或池角围圈部分水面用作养禽场所。鸡鸭鹅粪便和残食抛入鱼塘，成为塘鱼饲料、肥料，在计划经济鸡鸭鹅上调年代，富裕村盛行这种养殖方式。近年兴起现代化养鸡场，这种养殖方式进一步发展。

此外，也有养殖户直接在塘基种植象草，与鱼饲料搭配，作为塘鱼的青料。

自20世纪50年代后期起，为提升塘鱼产量和质量，富裕村开始规模整治基塘，浅塘挖深，小塘加大，窄曲塘截曲取直、拓窄成方，变死水塘为活水塘，改善水质。从80年代开始，推广用水泵加注新水及使用增氧机，有效提高塘水溶氧量。

三、甘蔗蔬果多元发展

勒流街道（区、镇）向来是顺德的经济作物区，中华人民共和国成立以来，除在"以粮为纲"年代，曾短暂种植稻谷外，富裕村多数种植甘蔗、水果(香蕉、大蕉)和蔬菜（冬瓜、青瓜、生菜、菜心、白菜、豆角、番茄、茄子等），以及黄豆、花生等。

1.甘蔗

据资料记载，明代顺德已种植甘蔗。20世纪30年代前期，桑蚕业衰退，大片桑基丢荒，政府从爪哇和菲律宾引进良种甘蔗，试点开办甘蔗种苗培植场，推广种植，随后顺德各区乡相继种植。

民国二十四年（1935年），广东省营顺德糖厂建成投产，民营中小型糖厂、糖寮增加，富裕村农民逐步扩大甘蔗种植面积。日军侵华初期，大批糖寮倒闭，甘蔗种植面积锐减。太平洋战争爆发后，蚕丝出口门路断绝，甘蔗种植规模复又增长。抗战胜利后，机制糖厂和手工糖寮增多，甘蔗种植面积进一步增长。但因随后政府加重税收，压价收购，甘蔗种植面积锐减。

中华人民共和国成立初，为促进甘蔗生产，顺德县人民政府取缔私商经营的"营蔗行"，由农民直接向糖厂交售。1951年，全县甘蔗种植面积增至15.33万亩，甘蔗总产量47.22万吨。1953年，实行计划种植，统购包销，提高甘蔗收购价格，并在生产资金、生产资料和技术上予以扶持，甘蔗亩产大幅提升。20世纪50年代，富裕村甘蔗种植面积约占全村基田面积的70%。1956年，富裕乡第一农业社甘蔗平均亩产超5000公斤，获国家表彰奖励。此后，甘蔗与蚕桑、香大蕉、蔬菜并称富裕农田种植四大作物。

"大跃进"期间，顺德农村大量蔗地改种水稻，甘蔗种植面积骤减。1961年国家提高收购价，增加物资奖售，允许超产部分委托加工出售蔗糖，调动起农民生产积极性，甘蔗种植面积、产量得以增加。1963年，勒流公社甘蔗大丰收，是历史上最高产的一年，比上年度增长71%。1972年，为鼓励甘蔗种植，省政府核减顺德粮食生产任务，甘蔗收购价由每吨29元提高到每吨33.8元，并落实奖售政策，甘蔗种植经济效益颇高。

1978年，富裕大队干部陆耀昌参加顺德县甘蔗种植技术学习班，历时三个月，学成后再把技术教给村民，富裕村甘蔗生产再上台阶。1979年，农村推行家庭联产承包责任制，为提高蔗农积极性，糖厂实行"部分利润返还"办法。1981年跨1982年榨季，实行"核定基数，糖粮挂钩，超过基数，吨糖吨粮，全奖全罚，一定五年"奖罚政策，1982年甘蔗种植面积和平均亩产均达到中华人民共和国成立之后最高记录。其后蔗价多年偏低，农村劳动力渐向高值种养业转移，甘蔗种植面积渐减。至20世纪90年代后，由于糖厂转产，甘蔗种植效益低，富裕村不再规模种植甘蔗。

2. 香蕉、大蕉

香蕉、大蕉在明代已有一定种植规模，万历《顺德县志》称顺德"多蕉子"。富裕村农民多在屋前屋后、涌边、村边及鱼塘周围种植。20世纪30年代蚕丝业衰落后，香蕉、大蕉种植业有所发展。抗战期间，百业萧条，香蕉、大蕉种植步入低谷，战后有所恢复。1959—1961年经济困难时期，种植面积大幅下跌，至1963年后逐渐回升。1974—1976年连续三年遭台风或霜冻灾害，香蕉、大蕉种植业损失严重。20世纪80年代后，再度回升，并引进优良品种，提高栽培技术，除香大蕉外，也种粉蕉（又称"糯米蕉"）。

3. 蔬菜

石涌、沙富、西村、马村种植蔬菜的历史由来已久。在长期栽培过程中，不少品种更自成特色，为人称道。明、清至民国前期，蔬菜生产一般为家庭副业形式，规模性种植不多。20世纪30年代初蚕丝业衰落，蔬菜生产开始向商品性发展，尝试在桑地间种蔬菜。中华人民共和国成立后，菜干、鲜菜以内销为主，部分交到大良健德土特产出口公司外销。

1979年调整农业结构后，蔬菜成为富裕村发展的重点经济作物之一，种植经营向专业户集中。在农业高产、高值、高质量的发展进程中，蔬菜基地集约化种植，不断引进和发展优质高值品种，反季节蔬菜大量增加，市场淡季不淡。

据富裕村中老人介绍，富裕村曾种植的蔬菜品种有蔬属和瓜属两大类。蔬属有蒜、葱、韭菜、芥菜、姜、白菜、生菜、枸杞、苋菜、芥兰、茼蒿、芹菜、萝卜、菠菜、荠菜、芫茜、茄瓜、薯、芋、莲藕、慈菇、辣椒、藤菜、黄芽白、荷兰豆、西洋菜、豆角、椰菜、洋葱头、沙葛、马铃薯等；瓜属有黄瓜、南瓜、金瓜、苦瓜、冬瓜、丝瓜、节瓜、水瓜、香瓜、葫芦瓜等。

除此以外，富裕村也曾种植花生、黄豆、眉豆、绿豆等经济作物，多为间种套种，专门种植面积不大。20世纪60年代，食油货源短缺，花生种植面积一度增加；70年代后期，国家调高花生收购价格，并规定50公斤干壳花生可顶征调稻谷150公斤，花生种植面积再度增加。80年代后，外省花生货源充足，食油紧张局面缓解，富裕村花生种植逐年减少。至今，村内基本不再种植花生。

近年，邻近连杜村桃花种植渐成品牌，并大规模种植，也有农户在富裕村租赁农地，成片种植桃花。

富裕村种植历史长而地方特色较鲜明的水果及蔬菜有以下几个品种：

一是石涌银稔。因石涌得天独厚的土地条件所致，银稔核小而软，肉厚且爽脆无渣，主要用于制作凉果，风味绝佳。据说，只要石涌银稔一下树，即抢购一空。当年，石涌有4棵外形奇特的银稔树，因高矮胖瘦各异，而所产银稔果均绝佳，传为美谈。村民形象地称之为高先生、矮头陀、细蚊仔、大坨屎。

二是石涌韭菜。中华人民共和国成立后，石涌广种韭菜，由于土地肥沃，水资源丰富，石涌韭菜质量和产量都相当好，主要交到大良健德土特产出口公司远销各地。

第二节　工业

富裕村水陆交通便利，基塘条块分布，是典型岭南水乡。富裕村下辖的石涌、沙富、西村、马村等虽开村较早，但很长一段时间仍停留在渔猎农耕的农业社会。明代及清初，村人饭稻羹鱼，以种桑、养蚕、养鱼等为主，所产桑叶、蚕茧，多运到石涌和龙眼及黄连的桑市、茧市交易。村中妇人在家中手工缫丝，男人则主要从事种桑、戽泥、养蚕、养鱼等较为粗重，需耗费较大劳动力的农活。清中后期及民国时期，缫丝、竹木铁农具、酿酒等与农业相关的手工业渐趋兴旺，村中办有缫丝作坊，聘请村内或邻村的缫丝女工缫丝，诗云"红蚕成茧女工忙，相约缫丝过别庄。朝去暮回纷彩伴，沿街风送鬓云香"。

1978年中共十一届三中全会后，顺德积极推行改革开放政策，大力发展乡镇企业、"三资"企业和个体企业，逐步形成以日用电器、日用金属制品、纺织、塑料制品等轻工业为主体的行业结构。在发展战略上，采取以镇办（公社办）

工业为重点，"五个轮子"（镇、村、组或街区、联合体和个体）一齐转的方针，创出一条既解决农村劳动力就业的出路，又大力发展农村经济、促进农村市场繁荣和缩小城乡差别的路子。这种"乡镇企业以镇办为主、组建乡镇企业集团、创造名牌产品"的发展模式，推动顺德多样经济发展。

1964年，富裕村还是以农业为主，村民养鱼种菜。时任大队书记陆康和认为富裕村土地有限，"发展工业"才是出路，一直谋求发展门径。

1975年，富裕村开始组织办企业，发展工业。当时，顺德只有两个大队办起工业企业，一是桂州幸福，一是勒流富裕。

1977年，富裕村与连杜村分村管理。富裕村分得一间粮食饲料厂。

1978年，中国推行改革开放，允许一部分先富起来，允许发展私人经济。于是，富裕村陆续办起企业塑料厂、五金厂，为顺德电线厂（顺德县电线电缆工业公司前身）加工电缆塑料皮。随着改革开放的深入，富裕村又办起塑料五金厂、雨衣厂、玩具厂、麻将箱厂等。厂房利用旧蚕房，生产工人以村中农民为主，工厂规模不大，每厂工人20—30人。

1993年，村办企业转制，20多家村办工厂转为私营企业。

2001—2005年，富裕村配合整体规划逐步开发富安工业区、海边沙工业区、西村新工业区，富裕村内兴办的企业越来越多，有本村人办厂的，也有外来人租地办厂的。改革开放以来，富裕村有大小工厂、企业约200家，工业越来越繁盛。

◎ 第四章 农商并重 多元发展

图4-1 颇具规模的富裕村工业区

富裕村传统的知名工业有幸花玩具、穗花玩具、宝乐堡玩具、东美雨衣、顺至雨衣、日顺雨衣，以及兴业塑料五金、兴健塑料五金。近年，随着各自然村工业区及富安工业区扩大招商引资，很多新兴品牌工业陆续进驻，如小熊电器、碧丽饮水机、明艺坊木业、唐式木业、长颈鹿木业、万盈化妆、赛特莱特电子、汤浅蓄电池等。

第三节　商　业

顺德商品经济萌芽较早，据清嘉庆《龙山乡志》：龙山大冈圩（古墟）"乃四方商贾之地，……辟自大唐"。屈大均《广东新语》载：唐代黄巢起义军南下广州，曾屯兵于现今县境的容奇、桂洲、黄连、北水、古粉、马齐等地进行最早期的简单贸易。明代中叶，商品性农业兴起，嘉靖年间（1522—1566年）全县有圩市11个，明末发展至41个。据查，现勒流街道区域内，明代已设石涌圩（石涌）、黄连圩（黄连）。清代，由于农业进一步向商品化、专业化发展，顺德圩市数量增加，市场贸易繁荣。雍正、乾隆年间（1723—1795年），全县有圩市50个。期间，除保留石涌、黄连两圩外，勒流区域新增裕涌圩（冲鹤）。咸丰年间（1851—1861年），顺德圩市增至87个。勒流地区除保留黄连圩外，又增人和圩（勒流）、六合圩（勒流）、南市（众涌）、北市（众涌）。晚清顺德更兴起大量桑市和茧市。光绪年间（1875—1908年），圩市之名已不分，凡商店所在即称"圩"，临时聚散，即成为市。黄连，设黄绸市；勒流设茧市、丝市、茧壳市、桑秧市、猪仔市、人和圩。民国初年，随着蚕丝业的发展，商业网络日趋完善，顺德有茧市20多个，丝市超15个，茧栈127家160多处。当时最发达的圩镇有陈村、容奇、龙江和勒流。勒流丝市以旧历三、六、九日为圩期，每圩销丝400—500斤，每斤时价14余万元。黄绸行以旧历四、七、十日为圩期，每圩销量70—80匹。龚毅伯《连溪竹枝词》有咏："每逢二五八圩期，抱布偕来不贸丝；纺织是乡真事业，诗人轻薄咏氓虻。"（茧绸圩）"鸡鸭巷前猪市口，物资相聚总交流；每逢圩日人为织，采罢同归海客舟。"（猪仔市）足见当时乡民到黄连圩买卖趁圩的热闹情景。

石涌是顺德最古老的村落之一，自古物阜民丰，曾有"上下三街，三圩六市""九巷十三楼"之说，计有鸡鸭圩、桑市、茧市等。抗战以来，连年动乱，更兼天灾人祸，民不聊生，富裕村人口锐减，圩市不再。村人买卖商品，需到附近的龙眼、冲鹤市场。直至20世纪90年代，沙富才建成临时农贸市场，但规模甚小，商品种类、数量亦较少，富裕村民大多仍是舍近求远，到稍远的龙眼、冲鹤购买所需商品。

21世纪初，由村委会、股份社共同集资，新建富裕市场，2005年投入使用，2013年进行升级改造。

图4-2 富裕市场，干净整洁

第四节　交通与邮电

一、水路

富裕村河涌交错，历史上村人交通多以水路航运为主。明代，商品性农业起步发展，农副产品多通过水路运销外地，水上运输业日渐兴旺发达。清代中叶起，主要河面"千樯会集"，热闹繁忙。

据村中长者回忆，西村涌原称"西村大涌"，因原来河面宽阔，到龙眼买卖运输的商船、客船，多经由西村大涌。入夜后，因西村人尚武，治安良好，更停满米船、商船。

二、陆路

西村、马村、沙富、石涌，村间皆有河涌，中华人民共和国成立前，村民去往附近各村主要依靠船和艇。各村间街巷多是泥路，最体面的要算是西村的一条清代石板路。直到大跃进时期，现西村牌坊对面三台岗山下的观音庙（天后宫）拆除后，富裕村才首次修建连通冲鹤、富裕和龙眼的水泥路（即龙冲公路）。现马村、西村、沙富、石涌的村道，基本上都是20世纪90年代以后才逐渐硬底化，建成连通各村的水泥路。

龙冲公路在勒流镇境内，从龙眼村起至冲鹤村止，连接良龙、良均公路。龙冲公路全长5公里，路面宽6米，用沙、

图4-3 龙冲路，沟通富裕村与邻近各乡村的主要村道

土、石铺成。1962年，富裕村首次开通公路，连通龙眼至冲鹤。1990年，水泥路面已由龙眼伸延至沙富村。同年，村内集资80万元，铺设龙眼至西村路段水泥路面。1993年，村内集资68万元，铺设冲鹤至西村路段水泥路面。2006年，扩宽西村工业区道路。2012年，利用龙冲路扩宽的契机，顺利完成龙冲路富裕路段拆迁工作，共投入约40万元重新改造石涌一组及沙富一组牌坊入村大道。同年，投入5万元，对龙冲路、工业区及各片主干道路铺设减速带，进一步完善富裕村内道路的配套设施。

三、桥梁

勒流地区自古河网密布，桥梁众多。

明代，现勒流地区有记录的桥梁如下表：

桥名	所在地	兴建年代
壮龙	冲鹤村	嘉靖二十三年(1544年)
永隆(永龙)	黄连村	不详
连鳌	黄连村	不详
广孝	黄连村	不详
学济	众涌村	不详
北岸	众涌村	不详
新社	南水村	不详
白荻	南水村	不详
永安	石涌村	不详
水东	龙眼村	不详
大石枕	石锦路	不详
小石枕	石锦路	不详

（根据《勒流建设志》整理）

清代，勒流地区有记录的桥梁如下表：

桥名	所在地	兴建年代
关东	冲鹤村	不详
东紫	冲鹤村	不详
聚龙	黄连村	康熙五年（1666年）

桥名	所在地	兴建年代
虹龙	西村	康熙十四年 （1675年）
凌云	扶间村	嘉庆五年 （1800年）
接龙	南水村	不详
高桥	南水村	不详
衍流	众涌村	不详
太平	众涌村	不详
起龙	众涌村	不详
治中	众涌村	不详
跨虹	众涌村	不详
大桥	众涌村	不详
续龙	众涌村	不详
见龙	石涌村	不详
古桥	龙眼村	不详
镇北	龙眼村	不详
汴梁	深滘	不详
连济	深滘	不详
黄麻	乾沙涌	不详
阮姓	不详	不详
刘姓	黄连忠义通 衢闸前	不详

桥名	所在地	兴建年代
周道	黄麻涌	不详
登云	不详	不详
济澜	不详	不详
跃龙	黄麻涌	不详
汇济	不详	不详
聚龙	不详	不详

（根据《勒流建设志》整理）

图4-4 石涌古石拱桥

四、邮电通讯

据《勒流建设志》载：清光绪三十年（1904年），广东省邮传管理局在六区连溪设邮传局。连溪邮传局邮路通向本区的黄连、上涌、江村、南水、大晚、勒流；通外区，如北面的龙囵、马村、莘村、黄涌、大罗、小劳村、水口，东面的新塘、仕版、伦教，西面的龙江、军基、西安亭、东兴等。清光绪三十二年（1906年）勒流设邮传所，除负责人外仅1名信差，负责勒流镇、北便海、槎涌、三漕的信函投递工作。

据《顺德邮电志》记载：民国二年（1913年）6月11日，设黄连二等乙级邮局，局址在黄连圩，有局长1人，信差1人，邮差2人；民国二十四年（1935年）7月20日，设勒流三等乙级邮局（后于1942年4月1日降为代办所，1946年9月24日复升为原等级局），局址在新圩直街34号，有局长1人，信差1人。

民国三十六年（1947年），设黄连通话站，站址在黄连圩中市13号，员工3人；勒流通话站，站址在二村利华大街麦家祠，员工3人。1949年11月容良军管会（以下简称军管会）电话总所成立，接管顺德县电话管理所及其下辖的黄连、勒流等5间通话站，同时接管顺德县黄连、勒流邮局等7间邮局，随后归属广东省人民邮政总局。接管时，勒流"话线"有勒流至龙江7公里；勒流至黄连4公里；黄连中转线至伦教6公里（此线与伦教各占一半），共用"话线"14公里。军管会接收黄连、勒流邮局时，资产仅2500万元

（旧币）。

1951年7月，顺德县邮电局在勒流投资建设一条"话线"直通县城大良（此条线路称"土改线"）。1952年1月，顺德县政府拨专款，为县内未通电话的乡架设双线电话。是年10月，勒流全镇设"双话线"，使乡乡可通电话。1952年11月，顺德县邮电局成立，将原顺德邮局改为邮政组，下辖陈村、乐从、杏坛、容奇、黄连、勒流6间邮局，撤销3间长途电话所，改在县局设长途台，陈村、容奇改设长话、市话合一交换台。1953年6月，邮电局与电话总所合并，县内5间邮局改为邮电营业处，区乡15间电话所改为电话站，代管地方电信（后改称"农话"），以后各电话站归各邮电营业处统一管理。1953年，顺德实现乡乡通邮。至此，富裕乡乡通邮通话。

1955年9月，勒流营业所易名为勒流邮电支局。黄连仍为营业所，业务隶属勒流管理。1958年7月，顺德全县建立社邮递员制度，实现乡乡社社通邮，报刊信件投递到户。1959年，全县实现邮路自行车化。

1995年，富裕村各自然村村村通电话。1998年5月，富裕邮电局建成使用，所址位于龙涌路3号，主楼四层，占地3500平方米，建筑面积3000平方米，程控电话装机容量5296门。2000年，村村通网络；至2017年，村村通光纤。至此，富裕村各处通邮，信件、报刊、包裹投递到户；户户通电话（固话、移动电话），高速上网，实现足不出户，连通世界的梦想。

第五节 经济体制改革和变迁

中华人民共和国成立前，富裕村大部分土地为地主占有。据《顺德县志》载：民国二十二年（1933年），全县蚕农耕种的桑田，98%以上是租用地主、富农的土地。地主视土地肥瘠、位置高下，即受潦水浸与否，以及鱼塘面积大小收取租金，平均每亩年租约21元。民国二十五年（1936年），全县土地60%为地主私有，20%为祠庙公产，20%为农民所有，而蚕农土地大半在富有蚕农手中。祠庙公产由乡绅管理，实际掌握在地主手中。除土地外，地主还占有较多精壮的耕牛和农具等生产资料，对贫雇农采取租佃式剥削。

一、土地改革

1950年7月，顺德县土地改革委员会成立，随后组织土改工作队，分期分批赴各区乡开展土改。整个过程分三个阶段：

第一阶段（1951年1月至1952年4月），工作重点是"清匪反霸、减租退押"（称"八字"运动）。分三批进行，富裕村（六区）在第二批进行土改。土改工作队在乡村扎根串连，发动贫、雇农诉苦追根，组织以贫、雇农为核心的农民协会。

第二阶段（1952年5月至11月），工作重点是对顺德十区分批划分阶级成分，没收地主生产资料，征收多余生活资料，分配斗争果实。富裕村（六区）在第二批开展工作。

第三阶段（1952年12月至1953年4月），重点是土改复查。分两批进行：第一批含一、二、三、四、十区；第二批包括五、六（含富裕村）、七、八、九区。具体工作：提高干部队伍素质；对照政策，纠正错划阶级成分；清理斗争果实，解决积压浪费现象；妥善处理挫伤户，加强内部团结；清理积压案犯；查实田亩，确认地权，颁发土地证；整顿队伍，健全乡政权；选举模范，宣布结束土改。

土改完成后，原富裕村土地大多分到雇农、贫农、中农以及其他劳动阶层手中，真正实现耕者有其田。

二、互助合作

1. 互助组

1953年，顺德第一个农村互助组在富裕成立，组长林恭祺，副组长陆邓元。此后一段时间，互助组与初级农业合作社（简称"初级社"）在富裕村并行发展。

2. 初级农业合作社

1954年上半年，中共顺德县委根据中共中央《关于发展农业生产合作社的决议》精神，在7个区试办10个初级社，实行土地入股，按股分红（利），作为全县农民兴办初级社的榜样，富裕村中多个互助组把土地合起来，按初级社形式进行经营。随后，初级社与高级社并行发展。

3. 高级农业合作社

高级社与初级社的区别，是土地归社，取消土地分红，生产资料折价入社，全部实行按劳分配。1957年9月，根据上级部署，全县开展整顿农业社和农村社会主义教育。主要内容是提高农业社经营管理水平，推行"大包工"责任制，全面签订定产包产、定工包工、定成本包成本的"三定三包"合同，搞好农业社收益分配，制订民主办社条规，处理好社内各方面关系和遗留问题。20世纪50年代，富裕村高级社社长苏伟添出席在北京召开的全国劳动模范会议。

三、人民公社

1958年9月，根据中共中央《关于在农村建立人民公社问题的决议》精神，顺德县开展人民公社化运动。至10月上旬，全县城乡大体按中国人民共和国成立初期划分的行政区建立10个公社。原高级社改称生产大队，高级社所属生产包工组改称"生产队"（又称"小队"）。小队与大队，大队与公社，是一种行政、经济隶属关系。设勒流公社，辖富裕大队。

1961年5月，顺德根据中共中央《农村人民公社工作条例（草案）》（俗称"六十条"）精神，调整公社体制，将

10个公社改为10个区，下设37个小公社，329个大队，2216个小队。勒流区设裕涌公社，下辖石涌、沙富、西村大队。

1963年1月，撤销区和小公社，复设10个公社。勒流公社设富裕大队，辖沙富、西村、石涌、连村、杜村。

1983年11月，政社分开，公社改区，大队改乡，结束人民公社体制，勒流区设富裕乡，辖石涌、沙富、西村（含马村）。

人民公社的生产经营管理体制经过多次变动，大体可划分为四个阶段：

第一阶段（1958年10月至1960年11月），以公社为主，与生产大队、生产队三级所有制。即实行统一生产计划、统一收支、统一分配发放工资。1959年3月，贯彻中共中央《关于人民公社管理体制若干规定》时，曾提出公社、大队、生产队三级管理，三级核算，以大队为基本核算单位，但在具体执行中，仍以公社为主。公社对大队定种植面积、定产量、定产值，包生产成本、包发基本工资、包生活供给（即"三定三包"）；大队是公社统一核算原则下的经济核算单位，在完成公社下达收益任务后，剩余部分归其支配；生产队是公社的基本"三包"单位，向大队包工、包产、包成本，按时、按质完成各项生产任务。

第二阶段（1960年12月至1961年11月），实行以大队为基础的三级所有体制。1960年末至1961年初，开展整风整社，停止以公社为主的三级所有制，改为以生产大队为基础的三级所有制。在此体制下，公社的职责主要是制订生产规划，下达落实农副产品上调任务指标，提出收益分配意见，经营社办企业；大队是自负盈亏基本核算单位，有经营自主权和收益分配权；生产队是大队所属的生产三包单位，负责管理使用各自的劳动力、耕牛、农具及安排农活。允许社员有少量自留地和家庭副业。这一阶段社员的生产积极性较前有所提高。

第三阶段（1961年11月至1966年11月），以生产队为基本核算单位。1961年冬至1962年春，贯彻落实农村"六十条"精神，实行"统一领导，队为基础，分级管理，权力下放，三级核算，各负盈亏"管理体制。一是调整和稳定生产队规模，将大的适当调小。二是维护生产队"七权八有"，即在落实国家计划前提下，有权安排本队生产计划，有权经营本队范围内的土地，有权支配本队的劳动力和安排部分劳动力开展集体副业生产，有权制订生产措施，有权拥有耕牛、农机具，有权处理完成国家任务后剩余的农副产品，有权支配和使用队有资金。三是落实生产责任制。大多数生产队对主要作物推行"固定地段，包工到组、到人，评比奖励"责任制；少数生产队推行"论产计分"。对多种经营作物还推行"比例分成"或"包死上交"形式。四是在搞好主业生产外，积极发展种养、畜禽、捕捞和工副业生产，壮大集体经济。五是将土地长期固定给生产队经营，耕牛、农具折价归生产队所有，鼓励购置生产资料。实行以生产队为基本核算单位，集体经营规模缩小，有利于经营管理，调动社员的生产积极性。

第四阶段（1966年11月至1978年12月），是"大寨式"经营管理模式阶段。1966年11月，根据中央的精神开始推行山西省昔阳县大寨大队的"标兵工分，民主评议"（简称"民主评分"）劳动计酬方式，生产队实行"民主评分"。70年代初期，富裕大队大多数生产队改为"定额管理，按件计酬"，推行"重工到组到人，轻工到户，分段包工"等形式。1975年下半年，恢复沿用"定额管理、评工记分"。

四、联产承包责任制

1978年12月中共十一届三中全会后，国家开始改革农村经济体制。顺德积极推行和完善以家庭联产承包为主的个体、集体双层经营责任制。富裕村以此为契机，推行"包产到户""包干到户"。

1984年6月，根据中共中央精神，富裕大队执行县、区的政策，延长土地承包期。基田、蔗地、桑地分包到户，一定15年。考虑到鱼塘受鱼市价格制约较多，承包期原则上一定15年，也可先承包5年或7年，期满后滚动承包；还可投标承包（简称"投包"）到户，一定5年或7年，期满再行投包。

五、集约化、股份制

随着产业经济发展，土地联产承包责任制出现新的情况：首先因土地一定15年，造成迁入、出生的人要地无地，也不能参加生产队的二次分配；迁出、死亡的人则土地丢荒，且可参与生产队二次分配。如此，既引起农户与农户之间、农户与集体之间的矛盾，又造成集体经济收入下降。

其次，随着村镇工业发展，大批农业劳动力转移到第二、第三产业。由于农业劳动力减少，农田量质明显下降，一些农民进厂务工，只能星期天耕种，甚至个别农户弃种，使本该精耕细作的农业变成粗放经营，严重影响农业发展。再次，由于土地分包15年时，没有留机动土地，在村集体需要土地开办企业，规模开发农业生产时，部分农户不肯出让土地，造成村办企业和农业开发用地困难。

针对以上矛盾并结合改革开放日益深化的土地需要，富裕村积极发展第二、第三产业，并确立"工业立村"的发展方针，在坚持稳大局、小调整的原则下，富裕村对原"15年土地承包责任制"作出调整，缩短承包期，并对农业人口重新统计，对土地重新合理分配，并规定分配承包的土地，农户只有种植经营权，没有出租出售权，禁止进行不合理经营及破坏土地，但农户有权转让，逐步引导村中剩余劳动力转移，允许不承包土地和转让土地。

随着农村商品生产和村办企业的兴起，家庭联产承包责任制由于无法适应大规模发展商品生产和转营他业的农民转让土地，也无法满足种田能手多承包土地和农田基本建设。因此，富裕村逐步发展集体企业，建立和完善社会化服务体系，同时支持土地集约化发展、发展规模经营，促进土地、鱼塘向种养能手集中。

1992年3月26日，顺德撤县建市，同期，省委、省政府确定顺德市为县级综合改革试验市，并给予相应的政策。顺德利用政策红利，敢为人先，实施多项改革，包括：乡镇企业产权制度改革；政府机构和行政管理体制改革；全面推行农村股份合作制；以多种形式流转农户承包土地经营权，完善土地承包经营机制等。

顺德土地流转形式的变化，可以归结为四改：（1）改"按人均包"为"按需均包"。据1996年统计，顺德全市已转移第二、第三产业自愿不承包土地的农民有7.5万户，占农民总数的44.8%，交回土地23.8万亩，占土地面积的44.5%。（2）改"承包"为"倒承包"。农民承包的土地，经集体许可，可租赁给集体农业或个体种养专业户，发展外向型农业，"三高"农业或产业化农业。（3）改"无偿承包"为"有偿承包"。（4）改"单家独户经营"为"股份经营"。此后，顺德农村生产力进一步发展，农业出现量变式的变化，农业发展规模加大，规模经营耕地近30万亩，占全市耕地总面积七成以上。"三高"农业，第二、第三产业发展形势喜人。

1999年9月，顺德再次获得政策红利：作为广东省首个率先基本实现现代化的试点县（市），给予不改变县级市的体制，赋予地级市自主权的优惠政策，直接对省，期限到2005年。随即，顺德对农村进行了与城市化相关的多项改革，包括：（1）以"一并、二改、三转、四统"为原则改革不适应城市化的农村行政管理体制；（2）建设和完善农

富裕印记

◎ 第四章 农商并重 多元发展

村社会保障制度；（3）固化农村股份合作社股权，量化股份合作社资产；（4）规范农村集体资产管理；（5）实施区域协调发展，对发展缓慢的农村进行财政扶持和补贴；（6）农村税费改革；（7）有序有效推进农业园区建设。

2000年，顺德撤销生产队体制，建立股份社合作制，试行农村土地流转。2001年，顺德成为广东唯一的农村集体土地管理制度改革试点地区。是年9月起，顺德各镇各村进一步深化农村体制改革，农村股份合作社股权固化、资产量化、推行"一人一股"和"生不增，死不减，可继承，可转让"的股权配置改革。

2001年8月，经富裕村民代表大会讨论，同意撤销原来10个生产队，按以地入股的原则，全社实行资产固化，确定股权，组织成立富裕股份社，勒流镇委书记王干林参加股份社挂牌，并选举产生第一届理事长：陆耀昌；副理事长：苏福玖、连顺贤。基本做法是实施"一社三区"，即通过股份社，让农民以土地入股的形式，把土地集中起来，由村实施统一规划、管理和经营，同时把土地划分为农业保护区、工业开发区和居民商住区。

第五章 著名人物

第一节 人物传

一、南越宰相吕嘉

吕嘉自小聪颖机灵，后为越民首领。南越王赵佗见他影响深远，办事得力，希望通过他实现"和辑百越"的政策。因此，提拔吕嘉为南越国丞相。

在60多年的君臣合作中，赵佗的雄才大略，吕嘉的多谋善断，使他们不断开拓出岭南历史转折时期的黄金时代。

赵佗去世后，赵兴继位。赵兴年轻，经验不足，太后樛氏又为汉人，地生人不熟。因此，实权仍在三朝宰相吕嘉手中。吕嘉与樛太后虽有龃龉，但也相安无事。后来，深知难得民心的樛太后力劝赵兴放弃南越国的独主地位，归属汉朝，以更有效控制南越局面，令整个南越国上下震惊。朝廷内剑拔弩张的局势日益明朗化。太后与吕嘉的矛盾日深。此后，她曾设宴欲除吕嘉于酒席上，吕嘉只得横下决心，背水一战。年过花甲的他在风声鹤唳、兵临城下中不得已铤而走险，将南越王赵兴、樛太后杀死，立赵建德为南越王。汉武帝派伏波将军路博德率领大军浩浩荡荡来到今天的碧鉴河路后，架起浮桥，直取吕嘉老家石涌。后来，吕嘉在福建漳浦附近被擒。

吕嘉几十年丞相生涯，忠诚与聪颖令其成为整个南越王国的精神领袖。所谓"得众心逾于王"。同时，作为南越本土人，强家盛邦，长治久安亦是他的合理追求。因而，赵佗许多深得民心的政策，多出自吕嘉之手，也因此，使南越国得以在"汉越杂处"互相通婚的

图5-1 吕嘉画像（取材于顺德区博物馆）

基础上，出现罕见的民族大融合。

将近一个世纪安定平和的时期，为广大民众提供了难得的休养生息时间。同时，南越国引导本地民众积极吸收中原先进生产技术与丰富的生产经验。人们开垦荒地，深耕细作，兴修水利，令珠三角成为国内重要的水稻产区，全面而有力地促进文化经济发展。铁器和牛耕的出现，更令生产力获得质量飞跃。所有这些，都倾注着吕嘉的心血与智慧，因

此，他对岭南的安定与发展具有深远而恒久的作用与意义。明末清初大学者屈大均在《广东新语》中讲：**南越之亡以吕嘉，而土地人民得去蛮为华亦以嘉。**确为允论。不可否认，作为偏安一隅、信息闭塞的吕嘉，目光自然只会停留在自己的土地上，未能与大汉帝国积极融合和主动沟通，再加上与太后的矛盾无法调和最终导致兵败身亡，蒙诟千年，所以，司马迁评价吕嘉为"小忠"，确是精准。不过，这位大史学家并没说吕嘉太多不是，相反他说：**其后亡国，征自雒女。**这倒是千钧公论。因此，2000多年来，人们仍以各种方式叙述、寻找、提炼着这位从石涌走出的一代英杰的痕迹、传说、历史。（根据李健明《一言难尽说吕嘉》整理）

二、黄萧养

黄萧养（？—1450年），原名懋松。明永乐年间生于南海冲鹤堡一个佃农家庭。一目红赤，相貌奇特，性格果敢。幼年时，连年灾歉，父亲黄大纲无力偿还债务，把他抵押给地主当小工。后被游方道士萧大悟收养，教他学医习武，自此改名"萧养"。

萧养青年时代行医沙田，行侠仗义。明正统十二年（1447年），因痛殴土霸入狱，获赦后到沿海替贩运私盐行商当佣工，后被官府缉获，再度下狱。正统十四年（1449年）初，萧养与众难友集体破牢，冲进军械库夺取武器，攻打府衙。后寡不敌众，扬帆出海。两月后，黄萧养回乡招兵买马。五月十三日，船经广州赤岗海口，击败拦截官军，杀死统兵官张百户。回到勒流潘村后，招募军士，打造武器，制作战船，附近贫民，闻风加盟。一月后，黄萧养制造战船150艘，队伍万人。六月中，全体将士头缠红巾，身穿"勇"字战衣，集中横

图5-2 黄萧养塑像（取材于顺德区博物馆）

江二龙山（在今勒流龙眼村）祭旗誓师，举兵起义。他们将富裕的马村屯兵养马，以备鏖战。

八月中，军队分兵两路，攻打佛山。但对方兵强马壮，沉着应战，因此相持不下。八月二十七日，黄萧养率战船500艘直抵广州，城外扎下营寨，架云梯，日夜攻打。明副总兵王清率部赶来救援，在沙角尾被击溃，本人更被擒杀，义军声威，一时大振，黄萧养更自立为"顺民天王"，改元"东阳"，建都大良，以广州城南五羊驿为行宫，册封文武百官，

一时名声远播，投奔者络绎不绝，军队扩充到十多万人。

九月初六日，黄萧养军队在白鹅潭歼灭广西援军张安部，几次几乎破城。明布政使、知府等官员登楼远望，相顾涕泣。广东官绅组织自救，联合对抗义军。九月中，黄萧养为筹集粮饷，委派元帅邓都回兵南海，攻下北村、腾涌、吉利等。十月初十，黄萧养率大军进攻南海九江，但兵损将折，只得折回广州继续围城。

明景泰元年（1450年）春，黄萧养和将士们因屡挫屡败，无心再战。此时，杨信民抵粤。他征而不战，反倒开仓放赈，让义军进城就食，宣布既往不究，令军士溃散。黄萧养也内心动摇，试探招安。后黄杨二人隔城濠对话，深谈后，萧养愿意考虑归顺朝廷。峰回路转之时，杨信民突然暴病身亡，此时，朝廷也摆脱了瓦剌军进犯危机，于是改"招抚"为"讨伐"。都督董兴率军南下，与两广、江西精兵水陆并进。黄萧养与将士们奋起迎击。四月十一日，双方在波萝庙、白蚬壳鏖战数天，义军不支，深陷白鹅潭，黄萧养在当地农民相助下突围而出，后遭预伏官军狙击，混战中，黄萧养中箭落水被擒，伤重去世。随后，义军兵溃，起义失败。[根据《顺德县志》（1996年版）改编]

三、苏冕

苏冕，字藻旒，又字五楼，杏坛桑麻乡人。清咸丰辛亥

（1851年）以第一人入泮，获辛酉（1861年）乡荐。同治戊辰（1868年）成进士，选庶吉士，馆试亦列第一。苏冕因母亲年老，申请归家侍奉，从此不再为官。

苏冕自小聪颖，行事沉着。曾有一年，盗贼横行，县城戒严，苏冕组织防卫，令盗贼不得为恶，深获民颂。苏冕笃学沉静，疾恶如仇，却平易近人，学生多跟从问学。著有《绿阴书屋诗草》。（据村里老人提供资料整理）

四、连声海

连声海（1885—1947年），早年留学日本早稻田大学时加入同盟会。民国二年（1913年）起在孙中山身边供职，历任办公室、大元帅府、总统府秘书，军政府大理院书记长，总检察院书记长及铸印局局长。民国十四年（1925年）后，历任广东省政府秘书长、国民党中央党部政治会议秘书长、国民政府秘书长、海外部部次部长，兼行政院秘书长。[根据《顺德县志》（1996年版）整理]

图5-3 连声海

建德立言自表高節

景文先生雅正

數純守素獨遺世榮

連聲海

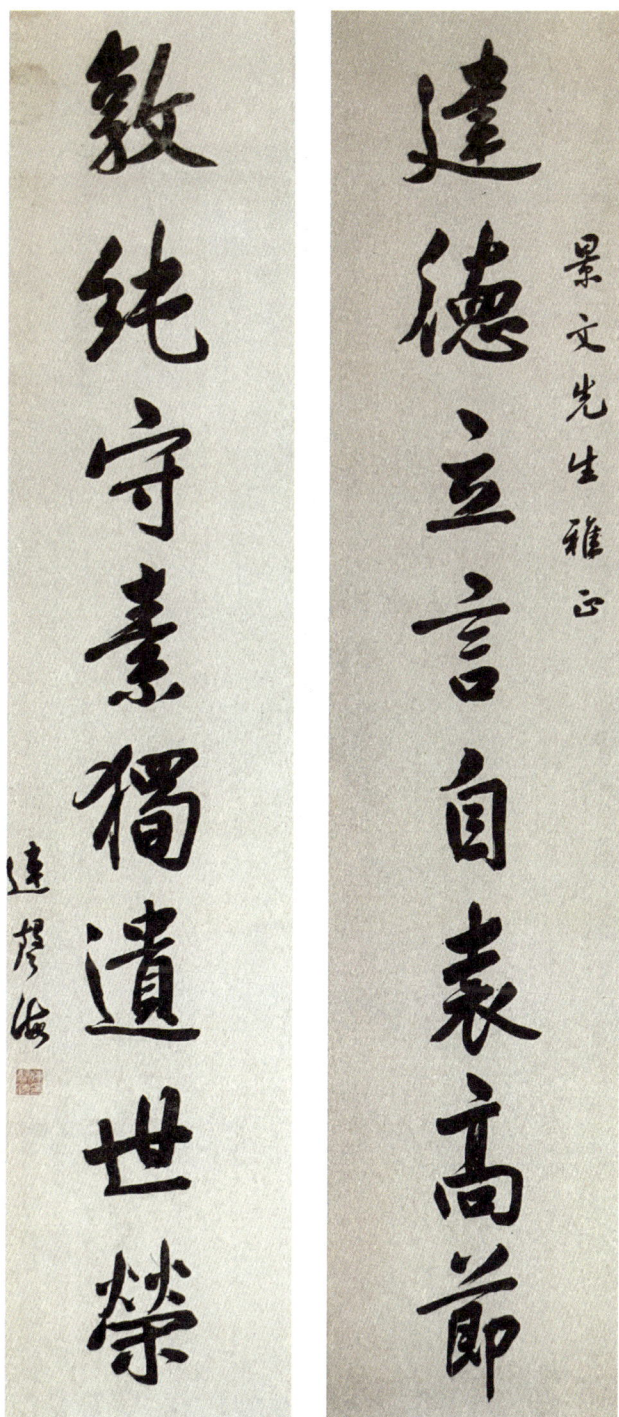

图5-4 连声海对联

五、连登

连登，祖籍沙富，笔名凌原、叶毅，室名环翠医庐、福仁堂，自幼喜爱书画。幼年受母亲叶丽华（1934年毕业于广州市立美术专科学校图案画系）影响，深好丹青。1965年毕业于广州文史夜学院中国文学艺术系中国画专业，并从1960年起随中山医学院董岳琳教授学习中医。曾先后在柳州、广

图5-5 连登

州、杭州等地和日本、法国等国家进行艺术交流，曾举办"连登书画展"，出版有《连登即兴手稿书法集》《广州书法名家作品集系列》等。连登擅长书法、国画和诗词，尤以行草、花鸟和五律著称，国画名家陆俨少评论："书画兼擅，尤精吟咏，三绝之誉，至可钦佩。"连登现任广州市书法家协会名誉主席、广东省书法家协会顾问、中国书法家协会会员、西泠印社社员、广州市佛教协会副会长、广东楹联学会副会长、广东岭南诗社副社长、华南理工大学兼职教授、南方医科大学客座教授、广州市文史研究馆馆员。

六、连庚明

连庚明，1970年出生。1984年，连庚明师从廖十姐学习糕点制作。晨昏磨砺，日积月累，心得渐多。1987年，入仙泉酒店系统学习现代酒店管理与香港厨艺烹饪技法，深获启发。1991年，连庚明从仙泉点心部主管转任酒楼经理，后参与创建东城酒楼。此后，他精心经营中旅意新酒楼。90年代末，连庚明后出任凤城酒楼餐厅总监。

十多年间职业与岗位的不断更替，连庚明从未中断对中西点心文化的研究与技法的砥砺，更潜心苦练粤菜烹饪技法，成为粤式点心与广府菜式双轨并进的名师。

1999年，连庚明代表顺德参加"全国第四届烹饪技术比赛"获团体金奖，此后，他沉潜于中西餐饮文化钩沉与梳理中，真力久积，转益多师，技法日精，名声渐彰。2002年，连庚明获评"顺德十大名厨"后，又在这一年获得"中国烹饪名师"称号，2010年获评"广东烹饪名师"，2011年获评"中国烹饪大师"，更在2012年出任广式点心师联谊会副会长，餐饮类国家一级评委，实现着从点心名师到国家级烹饪名厨，再到酒店管理者与经营者的专业突破，一步一个脚印地丰富着自我人生阅历与专业价值，更在不同领域间积极突入与融合。

多年来，连庚明到世界各地参与厨艺交流。丰富的阅历与不同文化的冲击令他更沉静客观地观察理解国际美食文化的风俗与时尚潮流的变动，他将顺德美食放置在世界范围中

图5-6 连庚明先生在法国巴黎中心参加中法美食交流

去思考其当下发展与未来走向，不断提出当代饮食需求与国际市场走势下顺德美食要从观念的更新、市场的适应、物料的选择、制作的技法、技术的引进等方面去实现其多元融合与现代转型的观点，深刻影响着大批顺德名厨与餐饮人士，他更积极参与顺德美食的推广与宣传，乐此不疲，不遗余力。2012年，中国烹饪协会授予他"中餐推广杰出贡献奖"。

2019年，连庚明出任顺德区厨师协会会长。他全心致力于顺德这一世界美食之都国际品牌内涵的精致打造与外延的有效拓展。他更在政府引导下，联合顺德餐饮领域人士一道深入挖掘与传承粤菜精华，悉心吸纳国内外美食制作精粹与经营手法，积极引入现代管理经营与高效推广模式，联手推动将这一国际美食品牌走向更深广的产业市场与更广博的文化空间。

第二节　人物表

苏自元，字公器，西村人，兆元弟，清光绪十五年（1889年）第六十名进士。

苏兆元，字玉衡，西村人，自元兄，清光绪十七年（1891年）第五十七名进士。

黄谦，石涌人，明正统年间（1436—1449年）中式辛酉科举人，任开化知县。

吕朝阳，石涌人，原名吕调阳，明嘉靖年间（1522—1566年）举人，任余干县教谕。

余克壮，石涌人，明嘉靖戊午（1558年）科武举人。

梁功殊，石涌人，明隆庆丁卯（1567年）科武举人。

梁任重，石涌人，明隆庆庚午（1570年）科武举人。

吴熊飞，石涌人，明崇祯辛未（1631年）科武举人。

陆荣生，石涌人，革命志士，中共顺德县委员。

连琼，沙富村人，明永乐庚子科（1420年）举人。

罗琦，字玮甫，沙浦人，明崇祯（1628—1644年）举人。

连钟阳，字介眉，沙富人，清道光年间（1821—1850年）举人。

潘士芬，字芸阁，西村人，清道光年间（1821—1850年）举人。

连敦銮，字莘冈，沙富村人，清同治（1862—1874年）举人。

连廷钰，沙富村人，清同治（1862—1874年）举人。

连勉恒，字槐卿，沙富村人，清同治（1862—1874年）举人。

连作霖，字雨朝，沙富村人，光绪辛丑（1901年）举人，拣选知县，善书法，宗法颜真卿。

连燊，字莘农，沙富村人，清光绪（1875—1908年）举人。

连镜清，沙富村人，清光绪（1875—1908年）贡生。

连渐逵，沙富人，任封川县县丞。

连兰芳，沙富人，任新喻县县丞。

连普英，沙富村人，任顺德教育部部长。

连宝参，沙富村人，革命志士。

图5-7 连作霖及后代家族志

连登良，1928年出生于顺德，1938年迁居香港，1955年先后获得英国皇家摄影学会及欧洲国际摄影协会荣誉高级会士，美国摄影社会"五星级摄影家"等名衔。2012年获美国摄影会颁授国际顶级摄影大师GMPSA荣衔，同年再获"中华艺术报影家终身成就奖"。

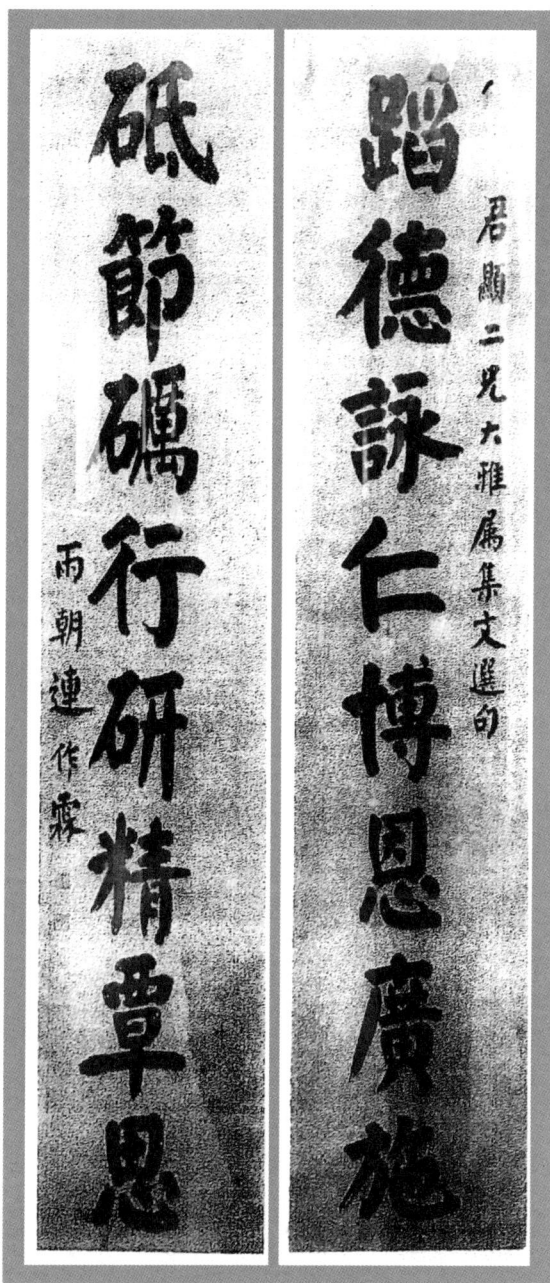

蹈德詠仁博恩廣施

砥節礪行研精覃恩

君顯二先大雅屬集文選句

丙朝連作霖

图5-8 连作霖书法作品

图5-9 干净整洁的西村公园

附 录

一、西村潘氏起源

西村潘氏，由冲鹤潘氏成德堂分支到西村；也有说是因苏姓娶妻潘氏，两姓相处融洽，故潘姓迁入。

二、西村民间传说

五棵松：大凤岗是原始山林，据说山岗上原有13棵松树，具700多年历史，高耸入云，松涛声浪，喜鹊成群，蔚为壮观。大跃进时期全部砍伐，制炭炼钢，后人们重新种植松树五棵，称"五棵松"，寄望村人像松树般永葆青春，屹立不倒。现"五棵松"位置在大凤岗骨灰岗上。

三杯酒：传说黄萧养在二龙山（衣禄岗）集合各路起义军，滴血祭旗，奠下三杯酒，宣布起义。祭旗处仍有三杯酒印记，地处现顺德看守所最后一座。

金凤呈祥：传说西村苏氏太公苏汝瑛初到西村，一凤凰掠空飞过，留下祥光一道，后栖息在三台岗上，人们认为此地金凤留光，为祥瑞，宜居住，遂定居西村，开枝散叶。

三、原西村天后宫传说

西村天后宫，建于1898年，规模格调颇高。最初，由村民集资，并将款项交由村中的苏培元（绰号"苏老培"）负责购买建庙所需材料。当时苏老培二十多岁，尚未成婚，村民认为他一个年轻人，应不会乱花钱，于是放心将建庙款项交由他保管。及后，村人发现建庙材料迟迟未到，方知苏老培竟将资金全部输光，流浪在外，不敢回村。

后苏老培洗心革面，更在佛山致富，成为礼泉、仁泉、善泉等五间大钱庄老板。适逢佛山祖庙重修，乡绅请求苏老培赞助，苏老培一口答应。全部材料备好后，人们又认为祖庙重修，理应比原庙大，更要建舞台。苏老培得知人们想法后，全力资助扩建的资金，更将原来备用的材料运回家乡，按原祖庙格局建成西村天后宫。1898年，西村天后宫建成，因料精工良，格局恢宏，人们引为美谈。

原西村天后宫，正门刻有对联"护国庇民通四海，神灵有克镇三台"。前座供奉天后娘娘，祈求国泰民安，出海平安。后座供奉观音菩萨，祈求慈悲普惠，福佑全村。

据说，天后宫还刻有"东启明，西长庚，南箕北斗朕是摘星手。春牡丹，夏芍药，秋菊冬梅臣是探花郎"和"春行芳草地，夏赏绿荷池。秋煮黄花酒，冬吟白雪诗"等对联及诗词。

四、马村传说

相传黄萧养从广州越狱击退官兵后，潜回故乡番村，后招兵买马，战船多至一百五十艘，更驻兵马村，圈养军马，同时利用马村岗丘起伏，河涌纵横，依岗面水的有利地形，严格训练步兵、骑兵、水兵。

据传，马村原名小马村，由谭麦二姓开村。村西南面基塘土名"谭围"，东北面土名"麦澳"。

五、马村旗杆夹石传说

马村内现存一对旗杆夹石，相传与刘鲲海有关。刘鲲海为杏坛逢简人，与马村刘姓同姓不同宗。据传，当时马村刘姓人不惜变卖大批田地买回这对旗杆夹石。可惜刘鲲海犯事受责，一败涂地。村人据此编出顺口溜："螭蜨不同蛤姆种，蟛蜞不同蟹祖宗。马村竖起光棍栋，累及子孙一世穷。"语虽多讽，实也体现刘姓先祖希冀子孙后代以刘姓进士为榜样，晴耕雨读，潜心向学，考取功名，光宗耀祖。

六、石涌村山头名称来源

石涌背靠拥节山（岗）、雁岗，前有石涌河（大演河）。

拥节山，因在石涌村，又称"石涌山"，又因其状如卧蚕，民国时，曾改名"卧蚕岗"。山前另有一圆形小土堆，形如蚕茧，故整体又称"卧蚕吐丝"，现又重新更名为"拥节山（岗）"。

七、沙富民间传说

水浸莲兴旺：一直以来，沙富村河涌从不筑堤围，因村人认为有水泡浸，莲（连）花才长盛不衰，所以下雨水浸也不防洪排涝。直到1953年沙富村才正式修筑堤围，修建排水闸。

蚌岗，也叫"蟹夹"。以前村人实行土葬，清明去蚌岗扫墓时，人们不用"红钱"，而用"绿钱"，因为，如果蟹变红，就是死蟹。为保子孙昌盛，瓜瓞绵绵，人们都用"绿钱"。

大事记

西汉

西汉元鼎六年（公元前111年）

据《顺德县志》（1996年版）记载，吕嘉在石涌建"瓮城"。

明

景泰三年（1452年）

顺德建县，建制为乡、都、堡、村。乡辖都，都统堡，堡管村。乡曰忠义，辖东涌都，统石涌堡，下管十三村，石涌、龙眼、西丫、杜村、连村、石龙、安利、横岗、沙埔、西村、小马、莫村、坑口。

景泰五年（1454年）

洪涝灾害。

天顺元年（1457年）

旱灾。

天顺三年（1459年）

　　水灾。

天顺五年（1461年）

　　大饥荒，朝廷放粮救济。

成化十一年（1475年）

　　台风、咸潮入河，作物受损。

成化十八年（1482年）

　　地震。

成化二十一年（1485年）

　　二月至三月大水；三月至四月雹大如拳，毁坏民房；
冬，大饥荒。

成化二十三年（1487年）

　　大地震，民房摇荡。

弘治九年（1496年）

　　地震。

弘治十一年（1498年）

　　大饥荒，朝廷动员民众捐献救灾。

正德八年（1513年）

倾盆大雨，伤及人畜，毁坏房屋。

嘉靖三年（1524年）

二月至三月雹大如卵，民房被毁，鸟兽死伤；八月至九月间台风。

嘉靖七年（1528年）

夏，蝗虫严重，为害作物。

嘉靖十四年（1535年）

六月，洪水、饥荒，斗米价万钱，百年未见，朝廷减免民租。

嘉靖十五年（1536年）

二月至三月间，雹，房屋受损；秋，大饥荒，饿死者众。

嘉靖十九年（1540年）

夏、秋，接连发生两次地震。

嘉靖二十七年（1548年）

洪涝灾害，禾田尽淹。

嘉靖三十六年（1557年）

　　夏，地震。

嘉靖三十七年（1558年）

　　秋，地震。

嘉靖四十五年（1566年）

　　夏，虫害；七月洪水，米价腾贵，是年饥荒。

万历十二年（1584年）

　　夏、秋，连续发生两次地震。

万历二十四年（1596年）

　　大旱，饥荒，斗米六十钱。

万历二十八年（1600年）

　　地震。

万历三十三年（1605年）

　　大洪水。

万历三十五年（1607年）

　　三月，地震。

万历三十七年（1609年）

　　秋七月，大洪水。

万历三十九年（1611年）

　　夏五月，大洪水。

万历四十年（1612年）

　　春二月，地震；夏，大洪水。

万历四十二年（1614年）

　　大洪水。

天启四年（1624）

　　大饥荒。

天启七年（1627）

　　大洪水。

崇祯六年（1633年）

　　春二月，大风，拔起树木。

崇祯八年（1635年）

　　二月，大饥荒。

崇祯十一年（1638年）

四月，地震。

崇祯十四年（1641年）

六月，大洪水。

崇祯十五年（1642年）

五月，地震。

清

顺治五年（1648年）

二月，大饥荒，斗米三百钱，饿死者甚众；同年秋，发生地震。

顺治七年（1650年）

八月，大风雨，拔起树木。

顺治八年（1651年）

雹如斗大，毁房屋，死牛马。

顺治十年（1653年）

大饥荒，斗米五百钱。

顺治十八年（1661年）

正月，大雹，毁民房，死牲畜。

康熙元年（1662年）

大洪水。

康熙三年（1664年）

十一月，地震。

康熙十六年（1677年）

八月，连续三日狂风大雨，拔起树木，毁坏房屋。

康熙十七年（1678年）

饥荒，清廷下令受灾地区减免钱粮三分之一。

康熙三十三年（1694年）

夏，水灾；秋，飓风。

康熙四十三年（1704年）

发生大水灾，清廷下旨减免钱粮三分之一。

康熙五十二年（1713年）

饥荒，斗米值百钱。

康熙六十一年（1722年）

冬，地震。

乾隆十一年（1746年）

五月，地震。

乾隆十三年（1748年）

十二月，地震。

乾隆二十一年（1756年）

三月，地震。

乾隆二十三年（1758年）

正月，下雪，是年大饥荒，斗米二百钱。

乾隆五十六年（1791年）

八月，地震。

嘉庆二十二年（1817年）

特大水灾，桑园围水涨两月有余。

道光二年（1822年）

狂风暴雨，树拔屋毁。

道光十五年（1835年）

夏，农作物遭遇蝗虫灾害欠收；冬十二月大雪，状如棉絮，下地积高四寸。

道光二十年（1840年）

全县戒严。

同治元年（1862年）

八月，台风、洪涝，民房、鱼塘尽淹。

同治八年（1869年）

秋，大台风，树木、房屋被毁者众。

光绪十年（1884年）

中法战争爆发，清廷下令各县筹办团防，顺德设十团。战事结束后，团防撤销，而建制承袭。光绪末年，十团改为十区，辖218村。

光绪二十年（1894年）

地震。

光绪二十一年（1895年）

鼠疫盛行；秋，地震。

光绪二十六年（1900年）

　　地震。

光绪三十一年（1905年）

　　年内发生数次地震。

中华民国

民国三年（1914年）

　　6月24日，堤围崩溃，桑基、鱼塘、牲畜淹没一空。

民国四年（1915年）

　　6月30日，特大水灾，堤围崩溃。

民国十三年（1924年）

　　顺德设十区，辖231村，石涌、沙富、马村、西村属第六区。

民国十八年（1929年）

　　风灾，缺堤，塌屋。

民国二十一年（1932年）

　　顺德设十区，辖194乡（镇），第六区辖27乡，含石涌乡、西村乡、沙富乡。

民国三十二年（1943年）

4月9日，潦灾，鱼塘过面，基地被淹，屋塌人亡。

民国三十五年（1946年）

顺德县设6个指导区，辖38乡、6镇。其中石涌、沙富、西村属第五指导区龙清乡；马村属第五指导区鹤村乡。

民国三十六年（1947年）

6月18日，潦水暴涨，附近北胜围、南保围崩泻。8月，三漕口陆沉。

中华人民共和国

1950年

顺德设十区辖54乡，5个乡级镇，274村，并设大良、容奇2个区级镇。沙富、石涌、西村属第六区齐清乡。

1952年

8月，顺德改原54乡，5个乡级镇，274村为106乡，8个乡级镇，原2个区级镇不变，并首设富裕乡。

11月10日，富裕乡成立人民政府。苏伟添任乡长，陈栈、唐炽芬任副乡长。

1953年

顺德首个农村互助合作组在富裕成立。组长杜恭祺，副组长陆邓元。

是年，启动全国第一次人口普查。

1955年

苏伟添任富裕高级社社长，并出席在北京召开的全国劳动模范会议。

1956年

富裕乡第一农业社甘蔗平均亩产超5吨，获国家表彰奖励。

2月，勒流区由13乡合并为五大乡：大晚乡（大晚乡与隔海沙乡合并）；勒南乡（勒南乡、勒西南乡一部分、勒北乡合并）；黄连乡（黄连乡、江义乡、扶稔乡合并）；众涌乡（众涌乡、江南乡合并）；富裕乡（龙清乡、富裕乡、鹤村乡合并）。勒流镇体制不变。

1958年

2月，勒流区5个乡合并为2个大乡：大晚乡（大晚乡、勒南乡、黄连乡合并）；富裕乡（众涌乡、富裕乡合并）。勒流镇体制不变。

12月，顺德设10个公社，135个大队（单位）及5个农场。同时，顺德、番禺两县合并，称"番顺县"。勒流公社辖富裕等15个大队。

1959年

3月，勒流公社由10个管理区改为2个镇、15个大队，下设56个生产队。2个镇是勒流镇、黄连镇；15个大队是勒南大队、勒北大队、大晚大队、光大大队、东风围大队、黄连大队、江义大队、稔海大队（扶闾、稔海）、福田大队、太平大队、江村大队（上冲、江村、南水）、富裕大队（连杜、富裕、清源、西华、龙眼）、裕涌大队（番村、裕涌）、新龙大队（新启、利龙）、冲鹤大队。

4月，勒流公社15个大队改为21个大队：勒南、勒北、大晚、光大、东风、黄连、江义、扶闾、稔海、福田、太平、上涌、江村、南水、富裕、连杜、清华、龙眼、裕涌、新龙、冲鹤。

6月，撤销番顺县，恢复顺德县建制，将原10个公社划分为12个公社（含2个城镇公社，10个农村公社）。勒流公社辖富裕等21个大队。

12月，勒流公社由21个大队拼为18大队：勒南、勒北、大晚（与光大合并）、东风、黄连、江义、扶闾、稔海、上涌、江村、南水、众涌（福田、太平合并）、富裕（连杜、富裕合并）、清华、龙眼、裕涌、新龙、冲鹤。

1960年

富裕取消大饭堂，每人按18斤粮食指标评级分配。

1962年

富裕首次开通公路，接入龙冲公路（龙眼至冲鹤），全长5公里。

1963年

年初，将沙富、西村、连村、杜村、石涌划并为富裕大队，陆康和任党支部书记。

是年，甘蔗大丰收，超产按一担（100斤）蔗加工10斤糖奖励，超产糖蔗可进入农贸市场。

是年，富裕各自然村合资办电，家家户户通电，变压器总容量为200千瓦。其中沙富100千瓦，西村、石涌各50千瓦。

1964年

富裕建卫生站，开办合作医疗，村民每人每月交5元，医药全报销。

同年，启动全国第二次人口普查。

1965年

5月，开始大四清运动，工作队进村。

1966年

10月，四清运动结束。

1971年

富裕小学易址，由沙富迁往西村。

1975年

富裕办社队企业，增加集体收入。

1977年

6月，富裕与连杜分大队。富裕分得饲料厂一间，现金8000元。是月，富裕党支部书记由勒流公社派潘哲林同志接任。副书记有连永贤、陈显荣。

是月，富裕大队被评为先进单位。

1980年

正月初三，最低温度降到2℃，80%鱼塘鲮鱼冻死，鱼种亦难幸免。

1982年

6月30日，启动全国第三次人口普查。

1984年

取消蚕上调任务。

年底至翌年1月，天气阴冷，塘鱼冷死情况严重。

1985年

取消塘鱼上调任务；取消各项农副产品上调及派购任务，村民可自由种植。

富裕被勒流镇党委评为先进党支部。

1987年

2月，勒流撤区设镇。

1989年

10月起，全村重新查丈房屋，发放房屋用地证，至1990年3月结束。

1990年

启动全国第四次人口普查。

是年，集资80万元，铺设龙眼至西村路段水泥路面。

1992年

3月，社教工作队入村工作，为时四个月。

取消甘蔗派购任务。

集资100多万元，建设自来水网，全管理区通自来水。

富裕被勒流镇妇女联合会评为妇女工作先进单位。

1993年

9月27日，特大暴雨，鱼塘漫顶，鱼游四处，勒流镇政府补贴村中农户每亩30元。

集资68万元铺设冲鹤至西村路段水泥路面；集资100万元，重建富裕小学。

1994年

组织群众参加抗洪抢险，获授"抗洪抢险见真情"感谢锦旗一面。

1995年

投资69万元建富裕派出所。

荣获当年勒流镇两个文明建设先进单位奖。

1996年

集资易址在西村牌坊旁新建西村天后宫。

1997年

由顺德市综合治理委员会评为安全文明小区。

重建马村医灵庙。

1998年

富裕被镇妇女联合会、公安分局评为先进单位，被镇共青团评为创先争优团支部。

1999年

富裕再次被勒流公安分局、妇女联合会评为先进单位。

2000年

启动全国第五次人口普查。

村民委员会再次被勒流公安分局、妇女联合会评为先进单位。

2001年

8月，经村民代表大会讨论，撤销原10个生产队，按以地入股原则，全社实行资产固化，确定股权，组织成立富裕股份社。勒流镇委书记王干林参加股份社挂牌，选举产生第一届理事长：陆耀昌；副理事长：苏福玖、连顺贤。

是月，选举黎瑞珍为第十二届镇人大代表。选举苏振忠、连开祥为党代会代表。

12月，全村509户，有367户同意征用土地，并对征用地款按股量化。

2002年

由村统筹，开发海边沙工业区。

2003年

3月，组织选举产生黎瑞珍为顺德区第十一届人大代表。

4月，召开村党支部组织会议，选举产生参加区十次党代会代表。

12月，村推进城乡合作医疗工作，股份合作社和村民各承担50%费用。

全面防治"非典型性肺炎"。

2004年

经村民股东代表大会同意，由村委会统筹征用开发西村主河涌以西工业区约180亩。

2005年

2月，勒流镇富裕老人中心工程动工兴建。

3月，富裕市场发外承包管理，承包额每年46万元。

是月，富裕村委会、股份社进行换届选举。选举结果：村委会主任苏振忠；副主任刘夭仔；委员周祥佳；股份社理事长周祥佳；副理事长苏福玖、连家权、陆耀昌。

7月，股份社以自主开发形式，开发富安工业区规划内80亩用地建厂出租。

11月，全面完成基塘整治，并对新整治基塘进行投包。

2006年

4月，推进创建省卫生村工作，并于当年通过验收。

5月，西村工业区道路扩宽及北帝涌桥梁工程动工。

6月，富裕实行第一批财务中介引入。是月，苏振忠当选区第十一次党代会代表。

8月7日，成为勒流镇第二批"广东省卫生村"。

2007年

1月，股份社（大和塘）填土工程及鱼塘、旱地填方工程招标。是月，党总支部进行换届选举，苏振忠当选支部书记。

2008年

3月，村委会、股份社进行换届选举，选举结果：村委会主任刘奀仔；副主任周祥佳；委员梁晓梅。股份社理事长周祥佳；副理事长连家权、梁锡佳、陆耀昌。

2009年

4月15日，《富裕通讯》创刊诞生。

4月23日，召开富裕村福利会成立大会及首届会员大会，产生9名理事。

6月23日，召开股东代表大会，通过《港口路三期及扶安河扩宽工程征地补偿方案》。

11月25日，成为A级省卫生村。

2010年

5月17日，明确当年医疗续保购买方式：合作医疗金额为每人220元，本村农业户口的由股份社代付每人120元，居民户口的股份社代付每人100元。

7月22日，换届选举产生村党总支部新一届的党总支部班子，分别是周祥佳、刘丞仔、梁晓梅、刘林开、连润强。

9月29日，"篮球之家"挂牌落户。

是年，启动全国第六次人口普查。

2011年

3月30日，换届选举产生第五届村民委员会成员，名单：主任刘丞仔，副主任周祥佳，委员梁晓梅。

5月26日，召开股份合作社股东代表大会。选举产生理事长连润强，副理事长陆耀昌、连家权、梁锡佳。

凑资投入资金35万元，在富连路段及西村工业区安装路灯网络。

7月，首次举办青少年暑期兴趣班。

8月24日，富裕村党总支部选举顺德区第十二次党代表，周祥佳当选。

9月28日，富裕、连杜选区选举顺德区人大代表，梁晓梅当选。

2012年

6月29日，成立中共富裕联合支部委员会，霍妹好同志任党支部书记。

投入100多万元，整治沙富三台岗及西村山体隐患；投入约76万元，改造原沙富三组下九亩涌边及马村河边埠头，并将原石涌一组旧河涌改公园；投入约40万元重新改造石涌一组及沙富一组牌坊的入村大道；投入约5万元，在龙冲路、工业区及各片的主干道铺设减速带；投入约8万元，完成西村工业区道路中间绿化带的硬底化。

2013年

10月，举行老人活动中心综合楼落成晚宴。

2014年

1月15日，选举产生村委会主任周祥佳，副主任梁晓梅，委员刘林开。21日，推选产生村务监督委员会成员：主任林金玉，委员刘正标、潘少云、胡引琴、杜祐源、苏福玖、连开祥。

是月，富裕图书室正式对外开放。图书室位于老人活动中心二楼，面积约160平方米。

4月4日，选举产生第五届股份合作经济社理事会成员：理事长连润强，副理事长连家权、梁锡佳、陆学谦，理事周润林、梁翠莺、周豪佳。

8月27日，富裕社区卫生服务站顺利挂牌。

9月1日，召开村民代表会议，选举产生议事监事会委员：会长刘夭仔，副会长吕鉴良、连开祥。

10月，筹集善款30万元，举办第十七届敬老活动。

借"集思公益，幸福广东"支持妇女计划，获项目基金8.5万元，用于服务妇女公益活动；股份社共投入25万元，给予村民每人168元的补贴，鼓励村民购买农村合作医疗保险。

2015年

2月9日，召开第一次福利会换届选举会议，选举产生会员25人，由村党总支部书记、村委会主任周祥佳任会长，刘夭仔、刘林开、连润强任副会长，梁晓梅任秘书长。

4月29日，创建"健康村"。由村党总支部书记、村委会主任周祥佳出任创建"健康村"领导小组组长。

8月1日，富裕村翁焕莲、翁间莲参加第十届顺德私房菜大赛勒流初赛，以"白雪藏龙"菜式，荣获二等奖，并取得参加区总决赛资格。

2016年

5月6日，顺德区"百村百企文化行"系列活动——走进富裕工业园晚会在广东小熊电器有限公司举行。

7月22日，根据顺勒委复［2016］1号文，同意中共勒流街道富裕村总支部委员会升格为中共勒流街道富裕村委员会，隶属勒流街道党工委管理。

8月26日，富裕村妇代会改建妇联第一次妇女代表大会在富裕村关爱妇儿之家顺利召开，选举产生第一届富裕村妇联执委委员：朱丽冰、张丽谊、袁间开、梁倩仪、梁晓梅、黄瑞冰、潘凤梨，其中梁晓梅当选为主席，张丽谊、袁间开当选为副主席。

9月8日，富裕村党总支部选举顺德区第十三次党代表，周祥佳当选。

9月21日，富裕、连杜选区选举顺德区人大代表，麦剑开当选。

2017年

4月14日，富裕村召开村民代表会议，选举产生村民选举委员会成员，当选情况如下：主任周祥佳，副主任连润强、刘奕仔，委员梁晓梅、吴敬鹏、陆耀昌、连家权、梁锡佳、苏桂宁、连开祥、胡引琴。

4月16日，富裕村党委召开党员大会，采用候选人数多于应选人数的差额选举办法和无记名投票的方式进行选举，产生新一届党委会，当选情况如下：书记周祥佳，副书记梁晓梅，委员连润强、吴敬鹏。

5月9日，富裕村召开全体村民会议，采用无候人选举方式选举产生村委会成员，选举结果如下：主任周祥佳，副主任梁晓梅，委员连润强。

5月16日，富裕村召开村民代表会议，推选产生村务监督委员会成员，选举结果如下：主任潘少云，委员刘正标、苏建恩、郭金玉、杜祐源、连振强、连开祥。

2018年

1月17日，富裕村党委召开全村党员会议，总结2017年工作暨支部换届选举会议，选举结果如下：沙富党支部班子成员连润强、潘少云、郭应斌，石涌党支部班子成员吴敬鹏、林金玉、陆学谦，西村党支部班子成员刘建森、吕爱华、吕慧桥。

2月27日，富裕岭南灯酒节正式启动，各村小组从每年的正月十一至正月十六陆续设筵，投花灯，饮灯酒。

3月26日，富裕村组织村民代表、议监会成员、村委会干部等参观紫南村、隆兴村，学习村容改善、经济发展等先进经验。

7月18日，由富裕村长者、党员、志愿者组成合唱团，参加勒流街道"党在我心中 颂歌献给党"合唱比赛。

12月16日，富裕村"乡村振兴——美丽富裕采风暨教育发展环村行"徒步活动隆重举办，近千名村民、企业代表、社会团体等参与其中，活动展示了富裕村新貌，也为勒流教育发展基金募集善款。

后 记

去年初春，勒流富裕村村民委员会动议撰写一本其村历史、文化、风俗、人物的书籍。

富裕村因昔日南越人首领吕嘉的故乡而名留史册，又因黄萧养饲马村中而融入大历史，近代更有名人连声海而频频引人关注。近年，村中因营造乡村环境和内涵充实而入列美丽文明乡村。从其历史回溯，我们看到一个几乎没有中断文化脉络的岭南水乡隐现眼前，其中的惊喜笔墨难描。因而，我们在长达几个月的乡村调查中，愈发沉醉于其历史的厚重与人文色彩的独特，更不轻易放过任何蛛丝马迹而生怕遗漏历史线索导致重大事件的缺失，因而项目推进并不快速，我们更愿意让自己沉浸在漫长的历史河流中缓缓飘荡，去细细体味水乡的温柔敦厚、绵长隽永。

在本书从策划到完稿的整个过程中，勒流街道原宣传文体办常务副主任温玉恩无不亲力亲为，令其顺利推进，在此特表谢忱。村中一批热心人士的帮助，令本书中的历史叙述充满生动细节而显得灵动鲜活，更跳跃着人间气息，在此深表谢意。

乡村是城镇的根脉、城市的背影、国家的源泉。理解一座乡村，有助于理解一座城市，更有助于对自身与他人获得更真切的认知。透彻认识一座村庄，我们也可获得理解这个世界和我们内心的一把钥匙。

富裕村村民委员会将书籍的出版作为本村文化建设的一个落脚点去推进，足见其对自身文化价值的深刻认识和广阔的文化视野与知性合一的魄力。本书更因有了村民委员会和众多乡民提供的丰富信息，而成为全方位呈现富裕村文化底蕴和以不同视角切入乡村文化的最佳读本，在此，请允许我对村民委员会全体人员表达深深谢意。

本书的采访是劳联英女士几个月独冒暑寒、点滴记录，又融入其对乡村文化理解而成的成果。本人只是衷辑其文，掠美其成。没有她的前期铺垫，此书于我只是无米之炊。在此，对其幕后深耕深表谢意。

对一条有长达2000多年文化积淀的古老乡村作深度描述和学理分析，每每下笔，本人都觉笔重言轻，更深恐一言不慎，遗憾难挽。因此，每到成稿，无不精心修改，反复磨勘，以期减少遗漏，但自知才学未足，必挂一漏万，恳请各位发现缪错后，原谅笔者的学疏才浅，更请及时告知，待重新修订，以更臻完善。感谢！

李健明

2021年6月1日